DESCUBRE LOS TRES PILARES PARA TRIUNFAR

"Ante cualquier situación enciende la luz de tu vida"

Descubre los tres pilares para triunfar

Diseño de portada: Juan Camilo Martínez Carrillo.

Autor: Javier Orlando Ballén Chávez

Reservados todos los derechos

ISBN: 9798334701656

Tel. +573203492073
e-mail: ballencito20@gmail.com
Bogotá – Colombia

Ninguna parte de esta publicación puede ser reproducida, distribuida o transmitida por alguna forma o medio, incluyendo: fotocopiado, grabación o cualquier otro medio electrónico o mecánico, sin la autorización previa y por escrito del autor, excepto en el caso de breves reseñas utilizadas en críticas literarias o ciertos usos no comerciales dispuestos por la ley de derechos de autor.

El icono del libro inteligente que aparece en la portada se refiere al código QR que podrás escanear desde tu móvil para conocer al autor y ampliar información acerca de su obra.

Tabla de contenido

INTRODUCCIÓN 4

EDUCA TU MENTE 9

   DIA 1: ¿QUÉ ES Y CÓMO FUNCIONA LA MENTE HUMANA? 11

   DIA 2: SENTIDOS. 20

   DIA 3: EL PODER DEL PENSAMIENTO. 32

   DIA 4: CREENCIAS LIMITANTES. 40

   DIA 5: EL LÉXICO 49

   DIA 7: ATENCIÓN 60

   DIA 8: EL ESPEJO DE LA ADVERSIDAD 69

   TÉCNICAS 75

   TÉCNICA 1: EL PODER DE LA IMAGINACIÓN Y VISUALIZACIÓN 77

   TÉCNICA 2: DIETA SENSORIAL 82

   TÉCNICA 3: CUESTIONA TUS PENSAMIENTOS 90

   TÉCNICA 4: COMO ELIMINAR CREENCIAS LIMITANTES. 93

   TÉCNICA 5: METAMODELO DEL LENGUAJE. 102

   TÉCNICA 6: EL MODELAJE 116

   TÉCNICA 7: EL PODER DE TU SARA (CONVICCIÓN, PUNTO S.A.R.A.) 121

   TÉCNICA 8: 3 ESTRATEGIAS PARA SOLUCIONAR ADVERSIDADES. 126

DESCUBRE TU GRANDEZA 132

CAPÍTULO 1: CONSTRUYE TU PROPÓSITO DE VIDA. ... 134

CAPÍTULO 2: DESCUBRE TU DON NATURAL A TRAVÉS DE PREGUNTAS PODEROSAS. 145

CAPÍTULO 3: TEST PARA VALIDAR TU PERSONALIDAD. 152

CAPITULO 04: TEST-DE-TALENTO-GALLUP Y PASIONES E INTERÉS. 189

CAPÍTULO 5: CÓMO VALIDAR MI DON NATURAL CON HERRAMIENTAS DE COACHING. 197

NIVEL 6: DESCUBRE QUIÉN ERES TÚ 202

EDIFICA TU PLAN DE VIDA... 207

PASO 1: ¿QUÉ ES EL PLAN DE VIDA? 209

PASO 02: DEFINIENDO MIS 08 ÁREAS DE MI VIDA 228

PASO 3: RADIOGRAFÍA INTERNA DE LAS 08 ÁREAS DE MI VIDA. 233

PASO 4: ESTABLEZCA LAS ESTRATEGIAS DE MEJORA PARA CADA ÁREA 239

PASO 5: CONSTRUYE TU MAPA DE SUEÑOS. 254

.... 263

PASO 06: CÓMO VIVIR DESDE TU PASIÓN. 263

PASO 7: CREAS TU INFOPRODUCTO........................... 275

DEDICATORIA

A todos los hombres y mujeres que desean ardientemente despertar ese gigante oculto que llevan en su interior, para que realmente empiecen a brillar con luz propia y se vuelvan almas imparables capaces de cumplir todas aquellas metas que llevan registradas en cuerpo, mente y corazón.

A todos los hombres y mujeres que con sus historias encendieron la llama de la inspiración para escribir mi libro, y que a pesar de los desafíos sigue esa luciérnaga brillando con más fuerza en medio de la oscuridad.

A quienes desean ser fuente de inspiración y de luz para otros.

A los que quieran realmente conectar con su poder de vida, y volverse seres imparables capaces de vivir desde su pasión.

ACERCA DEL AUTOR

Javier Orlando Ballén Chávez nació en Villapinzón, Cundinamarca Colombia, realizó Estudios de licenciatura en psicología en la Universidad "CORPORACIÓN EDUCATIVA MINUTO DE DIOS" Se certificó como: Coach Integral en PNL y TP, Neuro Facilitador en Eneagrama Game, Mentor de Lectura y Conferencista Internacional. Dedicado a facilitar el cambio Mental, Espiritual y Financiero en las personas.

Su enfoque es claro: "Inspirar y guiar a las personas para que alcancen su máximo potencial" proporcionando un espacio donde la transformación personal sea constante, tangible y perdurable en el tiempo.

Creador del programa **"La construcción de un nuevo ser"** Diseñado para guiar a hombres y mujeres de 30 años en adelante independientes a despertar su poder interior e impulsarlos a convertirse en Triunfadores capaces de vivir desde su Pasión, generando cambios significativos a nivel Mental, Emocional, Espiritual y Financiera.

PRÓLOGO

Una cosa es hacer lo que el mundo te impone y otra muy diferente hacer lo que realmente amas. Y tal vez se te ha pasado la vida haciendo lo que te toca, y aún sigues ignorando los talentos que llevas en tu interior. En este libro te revelo los tres secretos más poderosos para convertirte en un triunfador exitoso. Te mostraré la forma más sencilla y práctica, que te llevará a limpiar tu mente, descubrir tu potencial y edificar tu verdadero plan de vida. Si tú sigues estos tres secretos tal cual como te lo indico en el libro, habrás encontrado la llave que te permitirá tener la calidad de vida que deseas.

"Descubrir el potencial, significa adquirir el poder para transformarse a sí mismo y cambiar su mundo"

Aquí te enseño el paso a paso para que te liberes de toda aquella información negativa que llevas en tu mente, y te permita ver con claridad a lo que realmente te quieres dedicar el resto de su vida. También encontrarás la forma de descubrir toda la grandeza que hay dentro de ti, para este caso especial descubrirás: Quién eres tú, profesión, vocación, misión, propósito personal y plan divino de Dios. Y finalmente tendrás la oportunidad de construir tu verdadero plan de vida, lo que te permitirá convertirte en un líder de éxito, invencible, inquebrantable, resiliente e imparable. Capaz de conocerte a ti mismo, descubrir para qué eres bueno, hacer lo que verdaderamente amas, volverte mucho más productivo para alcanzar éxito en la vida.

"No dejes que los deseos de tu corazón se opaquen, por los ruidos y las preocupaciones del mundo"

Varios estudios revelan que el 95% de las personas deciden continuar siendo una imitación del mundo, el otro 5% son los que realmente se atreven a salir de la zona de confort, auto conocerse y crear realmente la vida que se merecen. lo único que detiene a las personas para despertar ese poder interior que cada uno posee es precisamente la programación que nos instalaron de los 0 a los 7 años de edad, donde no contábamos con la capacidad de elegir la información, sino que fue instalada por terceros tales como: Sistema familiar, educativo, político, religioso y social.

Entonces se puede decir que debido a la programación que recibimos a esa edad nos convertimos en seres de éxito o de fracaso. Esto me llevó a confrontar los resultados que tenía en ese momento, y me di cuenta que no eran los que yo esperaba, realizando una introspección encontré que lo único que me estaba deteniendo era la programación que me habían instalado desde la infancia, los 5 sistemas nombrados anteriormente.

Al ver esto lo único que hice fue someterme a un proceso de transformación y de cambio donde apliqué herramientas, ejercicios y técnicas de PNL. Y desde ese momento empecé a notar grandes cambios en las

Descubre los tres pilares para triunfar

diferentes áreas de mi vida. Por lo tanto es ahí donde tomé la decisión de escribir un libro, plasmar todo el conocimiento que me llevó a transformar mi vida, y de esta manera generar cambios significativos en la sociedad y en el mundo entero.

Una de las lecciones más importantes que he aprendido, para lograr resultados extraordinarios en mi vida es que debemos despojarnos de toda esa información negativa que se encuentra instalada en nuestra mente. La considero como la única forma para poder descubrir nuestro máximo potencial y colocarlo al servicio de los demás.

La única manera de manifestar todas las metas que te propongas a lo largo de la vida es mediante estas tres palabras. FE, PROCESO Y ACCIÓN. Estas tres palabras las considero como la llave maestra que todo ser humano debería emplear para crear la vida que se merece.

INTRODUCCIÓN

En este viaje que has decidido iniciar te revelaré los tres secretos más poderosos que han llevado mi vida a un siguiente nivel: Educa tu mente, descubre tu grandeza y edifica tu plan de vida.

Educa tu mente

Imagina por un momento que el cerebro es una cajita de luces navideñas, donde la cantidad de bombillos representan las neuronas, y el cableado es por donde pasa la conexión energética necesaria para que estos enciendan. Mientras que la mente humana podría ser representada como la toma en la cual se encuentra almacenada toda la energía necesaria, para que cada bombillo ilumine. Esto quiere decir que es la mente la encargada de darle órdenes al cerebro para que este funcione.

Sin embargo eso no es todo, ahora piensa por un momento si en la toma de la mente se encuentran almacenados todos esos recuerdos, traumas, creencias limitantes, programas mentales, mapas mentales negativos que hacen que los bombillos enciendan en rojo. ¿Cuál crees tú que sería la posibilidad que una persona en estas condiciones tenga éxito? La verdad, "ninguna posibilidad tiene una persona que se encuentra en estas condiciones", y lo digo no con la intención de desanimarte, sino con la intención de invitarte a tomar acción, y te liberes de todas aquellas malas

Descubre los tres pilares para triunfar

experiencias que has tenido en la vida, para que logres obtener la prosperidad y la abundancia que deseas tener en la vida.

El secreto para tener pensamientos positivos, y una mente sana, es someterse a una limpieza, purificación y liberación de la misma. De tal forma que se pueda instalar nuevo contenido que permita cambiar tu vida de manera positiva.

Descubre tu grandeza.

Había una vez un gran empresario que llamó a tres de sus trabajadores para darles una misión especial, entonces al primero le dio 5 talentos, al segundo 2 talentos y al tercero 1 talento. Y les dijo lo siguiente; Ustedes en este momento tienen la fortuna en sus manos, pero de ustedes depende si la multiplican y dan buenos frutos o simplemente la sepultan en la tierra. Luego de un tiempo los mandó llamar nuevamente a la empresa y les pidió cuentas a cada uno de ellos, se acercó el primero y le dijo; señor tú me diste 5 talentos me fue muy bien los multiplique y te traigo 10 talentos, él le respondió siervo bueno y obediente ve a disfrutar de los manjares de mi empresa, paso el segundo y le manifestó que también le había ido muy bien. Le dijo mira los dos talentos que me diste y aquí tienes dos más, él le respondió siervo bueno y obediente ve a disfrutar de los manjares de mi empresa. Y finalmente pasó el tercero y le dijo aquí está el talento que me diste, a mí me dio miedo y lo enterré. Entonces el señor le contestó, porque no lo colocaba en una entidad bancaria para que por lo menos hubiera producido el interés. Al ver esto le manifestó al tercer siervo, desde hoy dejaras de trabajar para mí, debido a que desobedeciste mi mandato.

Moraleja de esta historia.

Es que si tu realmente estás comprometido contigo mismo y descubres para qué eres bueno tendrás fruto en abundancia, pero si no lo haces serás esclavo de un trabajo que ni siquiera te corresponde. La invitación es, si aún no sabes quién eres, este es el momento indicado para que lo descubras y hagas lo que realmente amas convirtiéndote en una persona mucho más productiva.

Deseas volverte una alma imparable; te invito a descubrir tus talentos, tu don natural, ¿quién eres tú?, profesión, vocación, misión y plan divino de Dios.

Edifica tu plan de vida.

Érase una vez un joven llamado Javier Ballén criado en el campo, luego de haber pasado por un proceso de transformación y de cambio, decide crear la vida que se merece, entonces este personaje al encontrarse consigo mismo y al descubrir para que realmente era bueno decide dedicarse el resto de su vida a facilitar el cambio mental, espiritual y financiero en las personas. Mediante charlas, seminarios, talleres, libros, audiolibros, conferencias, masterclass, y programas. Con la finalidad de transformar vidas, para que las familias tengan tiempo de calidad,

Descubre los tres pilares para triunfar

buscando que el joven de hoy se auto conozca, y pase de un estado de oscuridad a un estado de luz, donde empiece a brillar con luz propia. Convirtiendo el desafío, adversidad, reto, fracaso, miseria en una oportunidad que le permita mejorar su calidad de vida.

Hoy quiero contarles que gracias a estos tres pasos nombrados anteriormente, me he convertido en un ser de luz capaz de manifestar todo lo que me propongo en cada una de las áreas de mi vida, de la mano de un mapa de sueños diseñado con la finalidad de no perder el enfoque, mirando siempre hacia adelante, y logrando conquistar el mundo que tanto deseaba.

Te invito a que disfrutes al máximo este viaje que el día de hoy decides iniciar, te prometo que si tú te concentras leyendo cada una de estas páginas, realizando cada ejercicio, herramienta y técnica que te revelo, al final descubrirás ese gigante dormido que ha estado toda la vida dentro de ti, y que no sabías que este estaba ahí. Sin embargo al encontrarlo te permitirá dedicarte a hacer lo que realmente amas, te volverás un alma imparable y serás mucho más productivo.

La fortuna está en tus manos, solo descúbrela y tu vida dará un giro de 180ª.

Tengo un mensaje para ti, escanea este código QR en tu celular y nos vemos dentro.

Javier Orlando Ballén Chávez

PRIMERA PARTE
EDUCA TU MENTE

Descubre los tres pilares para triunfar

DIA 1: ¿QUÉ ES Y CÓMO FUNCIONA LA MENTE HUMANA?

Descubre los tres pilares para triunfar

En la mente humana se encuentran un conjunto de procesos cognitivos y actividades mentales que ocurren en el cerebro humano y que son responsables de la percepción, el pensamiento, la emoción, la memoria, la toma de decisiones y muchas otras funciones mentales. Además se considera responsable de la capacidad de procesar información, aprender, recordar, razonar y resolver problemas, experimentar emociones y desarrollar la personalidad.

¿Cómo funciona la mente humana?

El cerebro humano es la cosa más compleja del universo de modo que para entender en qué sentido se relaciona con la mente o si ambos conceptos son lo mismo, podemos pensar en un ejemplo que te va a dar claridad para entender cómo funciona mente y cerebro.

Imagina por un momento que el cerebro es una cajita de luces navideñas, donde la cantidad de bombillos representan a las neuronas, y el cableado es por donde pasa la conexión energética necesaria para que estos enciendan.

Mientras que la mente humana podría ser representada como la toma en la cual se encuentra almacenada toda la energía necesaria, para que cada bombillo ilumine. Esto quiere decir que es la mente la encargada de darle órdenes al cerebro para que este funcione. Sin embargo eso no es todo, ahora piense por un momento si en la toma que es la mente se encuentran almacenados todos esos recuerdos, traumas, creencias limitantes, programas mentales, mapas mentales negativos que hacen que sus bombillos encienden en rojo.

¿Cuál crees tú que sería la posibilidad de que una persona en estas condiciones tenga éxito?

La verdad "No existe ninguna posibilidad de tener éxito una persona que se encuentra en estas condiciones", y lo digo no con el deseo de desanimarte, sino con la intención de invitarte a tomar acción, y te liberes de todas aquellas malas experiencias que has tenido en la vida, para que logres obtener la prosperidad y abundancia que deseas tener.

Ahora sabes, de la calidad de pensamientos que tengas, dependen los resultados en tu vida.

Descubre los tres pilares para triunfar

HAY DOS TIPOS DE MENTE

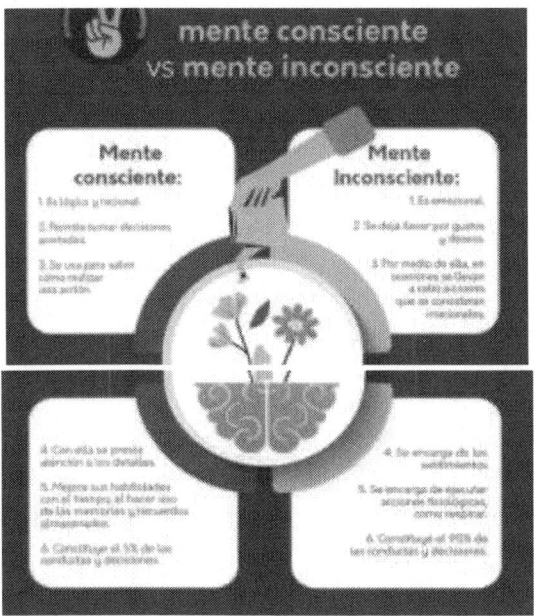

MENTE CONSIENTE VS INCONSCIENTE

LA MENTE CONSCIENTE

La mente consciente es la fuente que tiene la capacidad de elegir la información que nosotros diariamente obtenemos mediante la experiencia, debido a que esta parte de la mente está asociada con el pensamiento racional y lógico.

Imagínate por un momento que la mente consciente es como el vigilante que se encuentra en la puerta, y es él quien tiene la autoridad para dejar entrar a las personas que cumplen con los requisitos solicitados por los novios de la boda. Esto hace que haya control en el movimiento del personal y todo salga de manera exitosa.

Ahora piensa en esto, ¿qué podría pasar si el vigilante se queda dormido?

Pues déjame decirte que esto sería un desastre total, porque sencillamente cualquier persona podría ingresar como pedro por su casa, debido a que no existe ningún control. Y ahí si la falta de control de acceso arruinaría la boda.

Atención familia aquí hay algo muy importante para ustedes, quiero que estén bien atentos, para que esta información quede bio-integrada dentro de ustedes. Lo mismo pasa con nuestra mente consciente si esta se encuentra alerta y bien despierta, los pensamientos, sentimientos y emociones que entraran por la puerta serán de calidad. Y esto es lo que realmente nos asegura el éxito. Sin embargo tendremos una respuesta completamente opuesta si la mente consciente se encuentra dormida, debido a que la falta de control no será nada favorable para nuestro estilo de vida, porque recuerda cualquier pensamiento, sentimiento, y emoción puede ingresar por la puerta y una vez que entre por este lugar, sencillamente te puede impulsar al éxito o al fracaso.

Los científicos aseguran que tu mente consciente constituye el 5% del poder operativo total de la mente. Tu mente consciente es responsable de:

Descubre los tres pilares para triunfar

- ✓ Reunir datos.
- ✓ Evaluar y procesar los datos que está recopilando.
- ✓ Encontrar patrones y hacer comparaciones.
- ✓ Tomar decisiones y dar órdenes.
- ✓ Permitirte responder racionalmente a las situaciones.
- ✓ Controlar tu memoria a corto plazo.

LA MENTE INCONSCIENTE

La mente inconsciente se define como aquel depósito donde quedan guardados todos aquellos recuerdos negativos o positivos de las experiencias vividas a lo largo de la vida.

Imagínate por un momento, que eres invitada(o) a una fiesta muy especial que para este caso es el grado de tu hija. Entonces te diriges al armario a mirar a ver qué ropa tienes para ese día, y comienzas a seleccionar el vestido que vas a utilizar. Luego de haberlo encontrado te pones muy feliz, te lo colocas e incluso te tomas fotos con él. Ahí se puede decir que esto te genera placer, felicidad por qué has encontrado lo que buscabas.

Ahora imagínate que tú vas al armario y encuentras solo ropa en mal estado, deteriorada, acabada y fea. Ahí la única solución que tú tienes para salir bien es ir al almacén a comprar una muda de ropa o simplemente salir con el mismo vestido de siempre.

Lo mismo pasa con nuestra mente inconsciente, por más que hagamos declaraciones para convertirnos en millonarios, si lo único que encontramos cuando se hace esa búsqueda son malos recuerdos, traumas, creencias limitantes, eventos, hábitos y programas mentales de escasez. Pues adivina que, vamos a continuar así o peor. Sin embargo te voy a invitar a ver la otra cara de la moneda, imagínate que estás pensando en convertirte en un triunfador exitoso, empiezas a buscar en la mente inconsciente, y encuentra eventos, creencias, pensamientos, emociones y programas mentales de éxito. Pues déjame decirte que te queda mucho más fácil convertirte en el triunfador exitoso, solo es colocarse el vestido y ya está.

"El éxito o el fracaso dependen de la programación que tu tengas en la mente inconsciente"

Tu mente inconsciente tiene el control sobre el 95% de las cosas que haces. Hace las cosas de las cuales no te das cuenta. Se maneja igual que una computadora y tiene tres características:
– Es literal
– No analiza
– No tiene sentido del humor.

La mente inconsciente empieza a funcionar en la octava semana de gestación.

Descubre los tres pilares para triunfar

Vamos grabando durante toda la vida todos los sucesos que vivimos.

Todo lo que piensas y hablas, genera un programa en tu mente inconsciente que va a ser recibido de manera literal, sin análisis y sin sentido del humor.

La mente inconsciente no conoce la palabra «NO»
Calidad de Pensamientos = Calidad de Vida
Para la mente inconsciente Pensar = Hacer

Nuestra mente inconsciente no distingue si lo que estamos pensando está en realidad sucediendo o solo lo estamos pensando.

Por ejemplo: «Piensa en la sensación de chupar un limón», hazlo AHORA.

Aun cuando sólo piensas, tu mente cree que realmente tienes el limón en la boca y genera la corriente eléctrica necesaria para que tus glándulas produzcan la salivación.

DIA 2: SENTIDOS.

¿Cuáles son sus funciones?

Los sentidos son el medio por el cual el ser humano recibe la información de su entorno y la procesa para interpretar lo que está a su alrededor. Esto lo hace a través de la vista, el oído, el olfato, el gusto y el tacto. Los sentidos transforman los estímulos externos en señales eléctricas que son enviadas directamente al cerebro, ocasionando una reacción en cada una de las células u organismo, para que de esta forma exista un procesamiento y posteriormente haya una interpretación de lo que logras percibir al alrededor.

A continuación les hablaré solo de las tres formas más importantes, por las cuales los seres humanos percibimos el mundo que nos rodea.

SENTIDO DE LA VISTA

La vista o visión es el sentido que se encarga de captar la luz del exterior. A través de la vista podemos ver lo que nos rodea, los colores, los objetos y su localización con respecto a nosotros.

El órgano que recibe las señales visuales es el ojo. Este actúa como una cámara fotográfica, con varias lentes que enfocan la imagen en una superficie sensible a la luz.

Descubre los tres pilares para triunfar

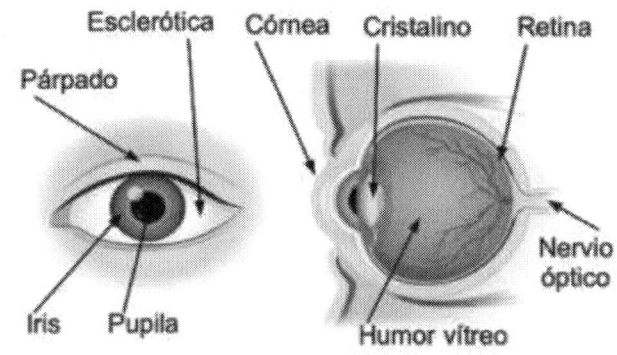

¿Cómo funciona el sentido de la vista?

La luz entra en el ojo por la pupila y pasa por varias lentes, dentro de las cuales está el cristalino. El cristalino enfoca la imagen en la retina, donde se encuentran las fotos receptoras, que se activan con la luz.

Desde la foto receptora se origina el impulso nervioso que viaja por el nervio óptico. Este llega hasta la parte de atrás del cerebro, en el lóbulo occipital, donde se encuentra el centro de procesamiento de las imágenes.

Para algunos lo importante es lo que ven, lo que sus ojos atrapan. Para ellos la apariencia de las cosas es importante. A este grupo se les denomina VISUALES.

Características de las personas visuales

– Entienden el mundo tal y como lo ven.
– Recuerdan imágenes y visualizan el futuro.
– Tienen movimientos rápidos.
– Siempre andan haciendo algo.
– Hablan con metáforas visuales.
– Buscan el orden.
La persona visual suele decir:
– Desde mi punto de vista creo que tal cosa......
– ¿Ves lo que quiero decir?
– Me parece una buena idea.
– Lo veo muy claro.
– Veo un futuro brillante.
– Yo veo las cosas diferentes.
Como se debe contestar a una persona visual.
– Entiendo tu punto de vista.
– Ya veo lo que quieres decir.
– La imagen está clara.
– Échale un ojo a este asunto.

SENTIDO KINESTÉSICO

¿Cuál es el sentido kinestésico?

El sentido kinestésico es el encargado de informar acerca de la posición que toman las diferentes partes del cuerpo en la realización de un movimiento, lo que permite equilibrar la tensión muscular en todo el cuerpo, con lo cual tenemos la capacidad de realizar movimientos eficientes. En el caso de los kinestésicos les resulta más fácil estudiar cuando alguien te hace preguntas mientras caminas o mientras haces otra actividad, que al estar sentado leyendo un libro.

Existe otro grupo de personas para las cuales lo importante son sus sensaciones y se guían principalmente por sus sentimientos, a este grupo se les denomina

LA PERSONA KINESTÉSICA

– Son fáciles de detectar, llevan el corazón en la piel.
– Muestra su sensibilidad y expresa su sentimiento.
– Puede llorar, emocionarse y deprimirse fácilmente.
– La comodidad física es muy importante.
– Apenas puede contenerse cuando está triste.
– Enojado puede dar puñetazos sobre la mesa y dar portazos.
– Puede arrojar cosas al suelo.
– Suele lanzar su mirada hacia abajo.
– Su respiración es profunda, su voz es lenta y grave

La Persona Kinestésica suele decir:

– ¿Por qué no eres más suave?
– No te importa lo que yo sienta
– No me late, siento que no debemos hacerlo
– Es un momento muy duro
– No hay como el calor del hogar
– Percibo malas vibraciones

Como se debe contestar a una persona Kinestésica.

– Puedo sentir tu inquietud
– Me siento bien cerca de ti
– Siento que vamos bien
– Me deja un raro sabor de boca
– Presiento que todo va a salir bien.

Descubre los tres pilares para triunfar

SENTIDO DEL OÍDO

El sentido del oído o audición nos permite oír, esto es, percibir los sonidos, las voces y ruidos a nuestro alrededor. Es uno de los sentidos más importantes para la comunicación y para alertarnos de algún peligro.

El órgano encargado de la audición es el oído. Este se divide en tres partes: el oído externo, el oído medio y el oído interno.

El oído externo está compuesto por la oreja y el canal auditivo. La oreja capta las ondas sonoras del ambiente que pasan por el canal auditivo hasta el tímpano, una membrana fina que funciona como un tambor. El oído medio está compuesto por tres huesecillos que amplifican la señal del sonido. El oído interno es el que conecta con el nervio, que envía el mensaje eléctrico al lóbulo temporal del cerebro.

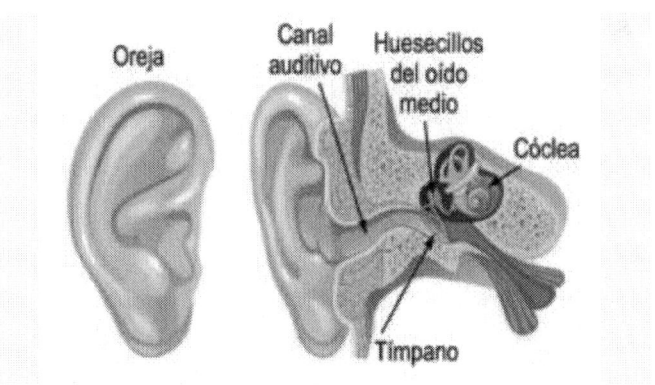

¿Cómo funciona el sentido del oído?

Las ondas sonoras hacen que el tímpano vibre, transmitiendo estas vibraciones a los huesecillos del oído medio y luego al oído interno. De allí pasa a la corteza auditiva en el cerebro donde se interpreta el sonido.

Otro tipo de personas recogen del mundo la información por medio del oído, para ellos lo importante es lo que se dice. A este grupo se les denomina AUDITIVOS.

La Persona Auditiva

– Suele ser un tanto sedentaria.
– Le interesa poco como vienes vestido.
– Hay que decirle las palabras apropiadas en el tono adecuado.
– Un mal ruido los pone de mal humor.
– Habla mucho consigo mismo. Diálogo interno.
– Su ropa es conservadora.

La Persona Auditiva suele decir

– Eso suena bien
– Vamos a platicar
– Te escucho claramente
– Hay algo que no suena bien
– Escúchame, tan solo escúchame

Como se debe contestar a una Persona Auditiva
– Te escucho, prosigue.

Descubre los tres pilares para triunfar

– Te voy a platicar como fue.
– Palabra de honor.
– Te entiendo palabra por palabra.
– Nunca se limite a hacer un gesto de asentimiento cuando platique con un auditivo, tiene que decir las palabras correctas.

Aprende a utilizar todo el poder de tu mente inconsciente. Revelación maestra: Debemos tener mucho cuidado con lo que visualizamos, escuchamos y sentimos. Ya que la clave está en la calidad de información que tú estás colocando en estos tres canales.

Imagínate que una persona desde que se coloca de pie en su habitación está viendo, y escuchando noticias. Sabemos que la información que brindan por estos medios de comunicación es negativa. ¿Qué crees que puede pasar con este ser humano? Es muy sencillo, en la medida en que esta persona alimenta los tres canales nombrados anteriormente con este tipo de información, empieza a crear programas que le terminan destruyendo su parte emocional. Y es ahí donde tiene reacciones de miedo, angustia, desespero, ansiedad, estrés, ira y depresión. Ahora si tú ves y escuchas información positiva, empiezas a crear programas que te permiten sentirte muy bien, de tal forma que es ahí cuando realmente tienes éxito en la vida.

¿Qué tipo de información está viendo y escuchando?

¿Cómo te sientes al ver y escuchar este tipo de información?

Gran parte del éxito personal y profesional se obtiene cuando las personas aprenden a trabajar los tres canales armónicamente. Cuando uno logra llegarle a la pareja, al jefe, al hijo, al vecino a través de los tres canales, el visual, el auditivo y el kinestésico, entra en empatía con esa persona. Esta herramienta aplicada en educadores, padres de familia, pareja y ejecutivos, es lo ideal.

MÉTODO ESTRELLA DEPOR

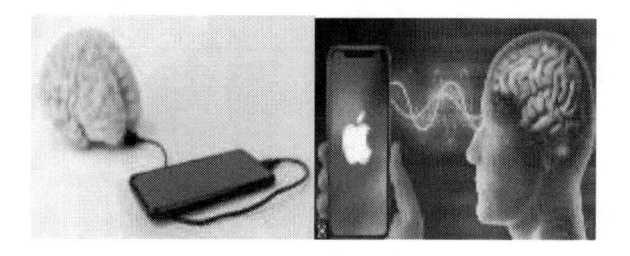

DIOS ESCRIBE PERFECTAMENTE EN RENGLONES TORCIDOS

Este método se utiliza para reprogramar la mente mediante los tres canales V.S.A. Cuáles son los tres canales que se tienen en cuenta en la PNL.

PASO 1: Desinstalar la información negativa de la mente humana mediante: Herramientas, ejercicios y técnicas.

Descubre los tres pilares para triunfar

PASO 2: Escoger la información que necesite instalar en la mente humana. (Libros, conferencias, charlas, seminarios etc.)

PASO 3: Realizar un mapa mental

PASO 4: Instalar la información en la mente (21 días)
   Colocarlo en un lugar visible. (21 días)
   Grabar la información en un audio mp3
(Escucharlo en los momentos muertos; Cocinar, hacer deporte, barrer, lavar, jugar, caminar, escribir)
   Leerlo mínimo 3 veces al día.

PASO 5: ACCION Y CONTINUAR INSTALANDO INFORMACIÓN (21 DÍAS)

PASO 6: ACCIÓN (21 DÍAS)

PASO 7: RESULTADOS

DIA 3: EL PODER DEL PENSAMIENTO.

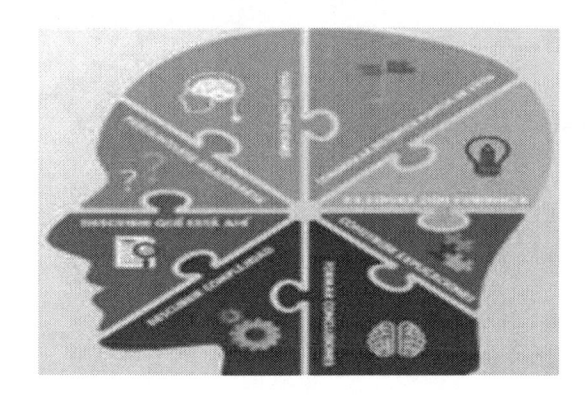

¿Qué es un pensamiento?

Un pensamiento es la capacidad que tienen las personas de formar ideas y representaciones de la realidad en su mente, relacionando unas con otras. Adicionalmente el pensamiento, puede ser considerado el producto del contenido que entra por los sentidos: escuchar, ver, tocar, percibir y sentir. Por qué recuerde que nuestros pensamientos están compuestos por palabras.

Esto quiere decir que todos aquellos recuerdos negativos o positivos que hay en nuestra mente inconsciente son el producto en base a lo que estamos viendo, escuchando y sintiendo. Por lo tanto, si realmente queremos lograr una transformación en las diferentes dimensiones, lo único que debemos hacer es realizar un seguimiento a la información que se le está colocando diariamente a las redes neuronales a través de los tres canales nombrados anteriormente.

Me gustaría que antes de continuar leyendo el enunciado respondieran estas dos preguntas.

¿Qué crees que se debería hacer, para realizarle el seguimiento al tipo de información que está entrando a tu vida?

¿Cómo hago para saber si el contenido que recibo a diario es negativo o positivo?

Descubre los tres pilares para triunfar

TIPOS DE PENSAMIENTO.

¿QUÉ ES EL PENSAMIENTO AUTOMÁTICO?

Los pensamientos automáticos son aquellos que surgen en forma espontánea, son muy breves y hasta pueden no reconocerse, a menos que se ayude a la persona a registrarlos. Por ejemplo, pensamientos negativos sobre uno mismo o sobre algún peligro. Los pensamientos negativos son ideas que provocan que nos debilitemos, que perdamos la esperanza o que se interponen en el camino de mejorar en cualquier aspecto de la vida.

Esto quiere decir que de la calidad de palabras por las cuales están conformados tus pensamientos, depende el éxito o el fracaso. Por tal motivo es muy importante que estés atento al tipo de información que te llega diariamente, para que logres empezar a ser muy selectivo con la información que impacta a tu vida.

Quiero que trabajes la imaginación, imagínate que tomaste un avión y te fuiste de viaje para Europa, cuando de repente iba a 1 hora de vuelo y la azafata con un rostro de pánico dice, por favor todos los pasajeros ajustarse bien los cinturones de seguridad porque hemos quedado sin combustible. Al escuchar esta información negativa de manera repentina, automáticamente tu pensamiento se dispara y comienzas a pensar; me voy a morir, que pasara con mi familia, mis hijos y mi esposa. La reacción emocional es de llanto, paralizado, sudoración, susto y pánico. Tu corazón está a mil por minuto, lo único que esperas es el golpe. Ahora te das cuenta lo importante de saber entregar una información adecuada a las personas e incluso a ustedes mismos. Porque sencillamente con una palabra se puede dañar o empoderar a una persona.

¿QUÉ ES EL PENSAMIENTO SISTEMÁTICO?

El pensamiento sistémico es la actitud del ser humano, que se basa en la percepción del mundo real en términos de totalidades para su análisis, comprensión y accionar. Se caracteriza en decir que el todo puede ser más, menos o igual que la suma de las partes, es una filosofía basada en los sistemas modernos buscando llegar a objetivos tácticos y no puntuales. Consiste en pensar como un todo, con el fin de no crear organizaciones fijas sino cambiantes y adaptables a las dificultades.

Esto quiere decir que es muy importante la forma como la persona percibe la realidad del mundo.

HISTORIA DEL EMPRESARIO

Cierta vez un empresario invitó a dos de sus trabajadores a la empresa, y les dio la siguiente noticia. El día de hoy quiero agradecerles por el gran trabajo que han venido realizando dentro de esta organización, sin embargo hoy quiero manifestarles que debo realizar un corte de personal. Por lo tanto hasta el día de hoy trabajarán para esta compañía. Al

Descubre los tres pilares para triunfar

recibir esta noticia para nada agradable la reacción de Camilo fue de gritar y decir "por qué me pasa esto a mí, que voy hacer, no lo puedo creer que me estén pasando estas cosas", y toma la decisión de pasar en varios lugares hojas de vida y volverse a emplear.

Mientras que la reacción de Carlos fue muy diferente, él toma la información con mucha calma, y se hace la siguiente pregunta ¿para qué me está pasando esto a mí? Este interrogante lo lleva a buscar dentro de sí mismo y se dio cuenta que era muy bueno para las ventas, recordó que cuando era más pequeño había montado un negocio de empanadas en el que le iba muy bien, lo que estaba pasando lo impulsa a dedicarle más tiempo a su emprendimiento, de tal forma que se acerca a una institución que estaba a dos cuadras de su casa, le comenta la situación al rector y este decide ayudarle con su emprendimiento. Este personaje emprende su viaje, con resultados sorprendentes que su negocio le dio para otro, ahora tenía dos puntos de venta y al paso de poco tiempo decide ampliarse a un tercer local. Hasta que un día se puso a pensar y decidió crear su propia empresa generando empleo. Hoy en día Carlos es un gran empresario y hace lo que ama.

Moraleja de esta pequeña historia

Para muchas personas esta noticia puede ser un fracaso, sin embargo para otros esta puede ser una gran oportunidad de mejorar su calidad de vida.

La pregunta es ¿En qué lugar te encuentras hoy, en el lugar de Camilo o el de Carlos?

_____
_____
_____
_____
_____

¿En qué lugar deseas estar?

_____
_____

Si estás en el de Carlos felicitaciones.
Si estás en el de Camilo te invito a que dejes de ser una imitación.

¿QUÉ ES EL PENSAMIENTO CRÍTICO?

El pensamiento crítico es un proceso que se propone analizar, entender y evaluar la manera en la que se organizan los conocimientos que se pretenden interpretar y representar en el mundo, en particular las opiniones o afirmaciones que en la vida cotidiana suelen aceptarse como verdaderas.

Se puede decir que este tipo de pensamiento es muy importante, ya que nos permite ver lo que significa mantener organizada la información, debido a que es más fácil acceder a la misma y se pierde menos tiempo. Por lo tanto esto acelera en gran parte los resultados.

Descubre los tres pilares para triunfar

A Graciela que le gustaba preparar tortas de plátano, y me causaba curiosidad la forma como ella tenía todo organizado en su puesto, de tal manera que cuando estaba haciendo la receta, se dirigía únicamente al lugar donde sabía que estaba el ingrediente, ella lo tomaba en sus manos y rápidamente continuaba con el oficio que estaba desarrollando. Un día me acerqué y le hice la siguiente pregunta ¿por qué te gusta mantener todo en su lugar? Mira la respuesta tan sabia que me entregó, sencillamente porque si yo organizo cada paquete en el lugar adecuado gano tiempo y dinero.

Lo mismo pasa con el pensamiento crítico si yo organizo por carpetas la información adecuada, será más fácil para acceder al contenido, y tener resultados extraordinarios.

DIA 4: CREENCIAS LIMITANTES.

Se considera que las creencias limitantes son pensamientos construidos a través de la experiencia, que hacen interpretar la realidad de una manera que limita tu desarrollo personal, e impide que alcances aquello que deseas. Lo que pasa es que lo vamos haciendo nuestro, lo integramos, y nos convencemos de ciertas creencias, las vamos reproduciendo y funcionamos a partir de esa creencia".

Las creencias pueden ser positivas, neutras o negativas. Sin embargo cuando nos referimos a creencias limitantes, estamos hablando de las que son negativas, porque nos limitan, nos bloquean, nos impiden ser realmente quienes somos o conseguir aquello que queremos.

"Van asociadas a un contenido que nos indica que algo no es posible, que no tenemos una capacidad, que nos falta una habilidad o que no estamos destinados a algo, como lo queramos llamar", así lo indica Rafael San Román, psicólogo de iFeel, la plataforma de bienestar emocional y apoyo psicológico.

El poder de las creencias limitantes es tal que puede llegar a paralizarnos, como indican los expertos. Están ahí, influyendo en nuestro día a día, porque el correlato de una creencia limitante siempre va a ser en principio la inhibición. Es decir, el no hacer nada, abstenerse de seguir pensando algo, de ir en una determinada dirección, de hacer un movimiento (en sentido literal).

Descubre los tres pilares para triunfar

No se debe olvidar que las creencias también se heredan, se perpetúan en el tiempo o en la sociedad, y las pasaremos a nuestros hijos, alumnos... si no hay un punto de inflexión, alguien que las cambie o que las critique de manera positiva, porque no necesitamos que nos digan 'eres un desastre' o 'has hecho fatal un informe", dice Artero.

¿Dónde se originan estas creencias?

Las adquirimos en nuestra infancia, etapa en que las ideas se graban automáticamente en nuestro inconsciente. Especialmente durante el proceso de socialización: antes de los 7 años. En ese período al no intervenir la mente consciente y racional, todo lo que vemos y escuchamos, lo grabamos y archivamos directamente, sin cuestionarlo.
Frecuentemente, pensamos que "no podemos" hacer tal cosa sencillamente porque un día, hace mucho tiempo, lo intentamos y no lo conseguimos. O alguien cercano (familia, amigos, educadores) nos dijo que no podríamos hacerlo, que no servimos para tal cosa, o no teníamos la capacidad suficiente para lograrlo. Ese recuerdo queda grabado en nuestro inconsciente y ante una situación similar, esta creencia es el primer pensamiento que se nos presenta y lo tomamos como una certeza, sin cuestionar en absoluto.

Muchas veces ignoramos que, en nuestra etapa adulta poseemos otras capacidades, otros conocimientos o recursos, estamos mejor preparados, pero esta creencia en nuestra mente nos frena, y nos impide actuar.

Las creencias son la base de nuestra autoestima. Cuanto nos queremos, nos valoramos, con qué seguridad nos plantamos ante las diversas situaciones, están directamente vinculados con las creencias que poseemos sobre nosotros mismos y de nuestro entorno.

Las creencias son también la base de nuestro carácter, forjan nuestra forma de ver el mundo, nuestro mapa y nuestro modo de comunicarnos con nosotros mismos y con los demás.

Imagínate a un maestro en el aula de clase donde tiene a un grupo de alumnos, que para este caso los estudiantes son la tierra, y el conocimiento que él está implantando en cada uno de ellos es la semilla, entonces resulta que el docente es muy comprometido con lo que hace, dice y ordena. Sin embargo, un día llegó de mal humor y gritó a Pablito. Le dijo lo siguiente: "No sirves para nada, porque la actividad que me traes está mal hecha". ¿Qué creen ustedes que pasó con Pablito? Sencillo, el docente en medio del mal humor daño a Pablo para siempre, y cada vez que este joven vaya a realizar algo nuevo, lo deja de hacer porque su mente a través de una creencia limitante le recuerda "usted no sirve para nada".

Las creencias limitantes se pueden cambiar

Todos, más allá de nuestra edad, podemos elegir de manera consciente nuestras creencias. Debemos saber qué clase de creencias nos conviene tener y cómo desarrollarlas. Para

Descubre los tres pilares para triunfar

crecer en los ámbitos debemos elegir las creencias que nos motivan, nos potencian y nos impulsan a la acción.

En los procesos de coaching y PNL, a través de distintas técnicas lo que hacemos es convertir la creencia limitante en temporal y la creencia potenciadora en una creencia permanente. Sólo cambiando las creencias que nos limitan, podemos abandonar nuestra "zona de confort" y avanzar en el desarrollo personal y profesional.

"Mantén tus palabras positivas,
Porque tus palabras se convertirán en tus
PENSAMIENTOS

Mantén tus pensamientos positivos
Porque tus pensamientos se convertirán en tus
EMOCIONES

Mantén tus emociones positivas
Porque tus emociones se convertirán en tus
ACCIONES

Mantén tus acciones positivas
Porque tus acciones se convertirán en tus
HÁBITOS

Mantén tus hábitos positivos
Porque tus hábitos se convertirán en tus
VALORES
Ghandi

CREENCIAS Y AUTOESTIMA

Quiero hacer énfasis en un tipo de creencia limitante generalmente aprendida durante la infancia, que a la larga se traducen en problemas de falta de confianza y autoestima. Basta que un adulto le reitere a un niño "no puedes" o "no vales para nada" para que éste termine por creérselo.

En la mayoría de los casos de problemas de autoestima existe una creencia limitante que está asociada a un miedo, como pueden ser: miedo a hablar en público, miedo a ser rechazado y miedo a esforzarse para nada...
Recuerda que las creencias no responden a verdades o hechos demostrables a través de la reacción, sino que son pensamientos asociados a ideas o sentimientos que tomamos como ciertos, ya sea por fe, confianza, miedo... es decir, tu creencia no es la verdad, es una verdad que tú has construido.

El poder de una creencia

Las creencias tienen un poder extraordinario, que es el condicionamiento. Es decir, las creencias dirigen tus pensamientos y por tanto tienen la capacidad de condicionarte. Ese condicionamiento del que te hablo puede ser determinante en tu vida, tanto de forma positiva como negativa. Así, una creencia limitante puede bloquearte y no permitirte llevar a cabo acciones que son totalmente lógicas. Pero del mismo modo, una creencia

Descubre los tres pilares para triunfar

potenciadora puede llevarte a alcanzar los retos más imposibles. Por lo tanto, cambiar tus creencias puede cambiar tu experiencia vital, tu vida de un modo muy determinante.

Analogía de la Vaca

La VACA es un animal mamífero, nace vivo del vientre de la madre. Es también vertebrado porque tiene huesos y herbívoro porque se alimenta de hierba y pastos. Es un animal muy grande y pesado. Tiene cuatro patas y un rabo. Se alimentan de hierba. Además, también pueden consumir maíz, concentrado, papa y trigo. En un solo día, las vacas lecheras comen hasta 7 kg de grano y más de 30 kg de hierba. A las vacas les encanta la rutina: siempre hacen las mismas cosas en el mismo horario. Sin embargo hay personas que cuando llevan a comer pasto a las vacas, utilizan la famosa estaca que es un trozo de madera que colocan en el corte de la hierba, para que el animal no se desplace para otros lugares, sino que éste siempre permanezca en un solo sitio.

Entonces en gran parte afecta a los animales, ya que al no tener la libertad de desplazarse, son delgados, flacos y feos. Mientras que si tú ves un lote donde las vacas están sueltas, son animales que viven gordos, lisos y bonitos. Sencillamente porque tienen la libertad para desplazarse y comer lo que deseen hasta saciar el hambre. Pues déjame decirte algo, lo mismo pasa con las creencias limitantes, cuando tú te encuentras atado(a) a ellas, estas lo que hacen es condicionarte y no te dejan avanzar. Por lo tanto es cuando una persona permanece en la zona de confort, delgada, aburrida, estancada, con miedo, triste, amargada y haciendo lo mismo que hacen los demás.

Mientras que si se libera de la creencia limitante, automáticamente comienza a ver otras posibilidades que le permitirán mejorar su calidad de vida, y tener el éxito que realmente desea. Ahora me gustaría que respondiera la siguiente pregunta ¿A cuál de estos dos grupos pertenezco en este momento, a los fracasados o a los exitosos? Porque si pertenece a los primeros la invitación sería empiece a trabajar sus creencias limitantes, no te quedes ahí tú naciste para cosas grandes en la vida. Y si ya está dentro del grupo de las exitosas felicitaciones, bienvenido al mundo de nosotros los triunfadores.

Descubre los tres pilares para triunfar

DIA 5: EL LÉXICO

Descubre los tres pilares para triunfar

El léxico se refiere al conjunto de palabras o vocabulario que una lengua o un idioma tiene, el cual se utiliza para expresar ideas, conceptos y significados. En otras palabras, el léxico es el inventario de palabras que conforman una lengua y que las personas utilizan para comunicarse. Estas palabras pueden ser sustantivos, verbos, adjetivos, adverbios, pronombres y otras categorías gramaticales que se utilizan para construir oraciones y expresar pensamientos.

El léxico de una lengua puede ser muy extenso y variado, ya que las palabras pueden evolucionar con el tiempo y pueden incorporar nuevos términos a medida que la sociedad cambia y se desarrolla. Además, diferentes idiomas pueden tener léxicos muy diferentes debido a las influencias culturales, históricas y geográficas que han moldeado su desarrollo.

La lingüística, se considera la disciplina que estudia el lenguaje, se interesa por analizar y describir el léxico de las lenguas, examinando cómo las palabras se forman, su significado, su pronunciación y sus usos gramaticales. El léxico es esencial para la comunicación y la expresión de ideas, y su estudio ayuda a comprender cómo las palabras se combinan y se utilizan en contextos específicos para crear significado y comunicación efectiva.

Se considera importante tener mucho cuidado con lo que hablamos, debido a que nuestros pensamientos están conformados de palabras. Cuando repetimos ciertas palabras con frecuencia se va convirtiendo este mensaje en un programa. Estos programas ya instalados producen emociones que dirigen nuestras conductas y nuestras reacciones.

Esto quiere decir que a lo largo de toda nuestra vida hemos instalado cientos de programas desde antes de nacer. Al principio de nuestra vida, los programas fueron instalados por nuestros padres, abuelos, familiares; más adelante por nuestros maestros, amigos y por los medios de comunicación. Estos programas los aceptamos sin darnos cuenta si nos favorecen o nos dañan. Simplemente allí están. También tenemos programas que nosotros mismos hemos instalado y de igual manera, algunos son buenos y otros no tanto.

Ejemplo 1: Una persona recuerda que de niño le daban para merendar pan dulce y café con leche de manera que se convirtió en un hábito y luego en un programa; en cambio a otra persona de niño le daban de merendar un bocadillo de jamón y queso con un vaso con leche de manera que también se convirtió en un hábito y luego en un programa. En este ejemplo vemos que cada uno tiene un programa diferente y que no compiten entre sí. Estos programas con el tiempo se han ido modificando o cancelando si vemos que ya no son funcionales en nuestra vida.

Ejemplo 2: Es considerable que La PNL nos hace más conscientes del lenguaje que utilizamos pues éste afecta la bioquímica de nuestro cuerpo (ver el artículo "La

Descubre los tres pilares para triunfar

Importancia del Lenguaje Asertivo"). No es lo mismo decirnos: "qué guapo soy" (que nos hace sentir bien) a decir: "qué tonto soy", (que me hace sentir mal). Y cuando alguien más me dice cualquier cosa buena o mala, yo tengo una reacción bioquímica que me afecta. De manera que las palabras que viajan por las neuronas además de crear un programa, causan una reacción.

PROGRAMACIÓN DE NIÑO

En cuanto a la información que nos llegó a nuestro cerebro cuando éramos niños, no teníamos la capacidad de seleccionar para determinar cuál era perjudicial o cual era de nuestros intereses. Algunas personas escucharon en los primeros años de su vida frases como: "tú no eres capaz de hacer tal cosa", por ejemplo. Para un niño que está en una etapa de su vida en que sus héroes son sus padres, todo lo que dicen estos es cierto; así, a esta edad el ser humano no tiene la madurez mental de analizar lo que escucha y es esta una etapa de nuestras vidas, en que quedan almacenados los recuerdos de manera arraigada. Si analizamos detenidamente esto, es información que actúa como una bomba para nuestros cerebros. Nos programan desde niños para el éxito o para el fracaso sin saberlo.

De adultos nos puede suceder lo mismo si no estamos atentos y si no sabemos cómo funcionan nuestros cerebros. Todos los días y a toda hora, están llegando a nuestras redes neuronales información de distintas fuentes.

Por lo dicho anteriormente, usted tiene millones de datos en sus neuronas, acertados o equivocados, datos que le sirven para interactuar con el mundo de manera consciente e inconsciente y así crear su realidad. Su mente tiene información de cómo es el mundo para usted y así trabaja en su consecución. Si usted toda su vida ha pensado que es incapaz para determinada cosa, tenga la absoluta seguridad que así será. Si lo programaron de niño con esta idea, toda su vida será incapaz para tal cosa y si no reprograma sus pensamientos, así será.

Henry Ford dijo: «Tanto si piensas que puedes, como si piensas que no puedes, estás en lo cierto»

Ahora nuestra información en la mente, así como nos puede limitar, nos puede potenciar también a hacer algo muy bien. Esto quiere decir que si conocemos que nos limita y cambiamos el programa, seremos buenos en las limitaciones que desechamos por comportamientos de excelencia. Reprogramar es la acción de codificar y generar programas o secuencias de acciones que siguen un orden lógico para obtener un resultado.

Por lo tanto PNL te propone conocerte y optimizar tus capacidades, para mejorar tus relaciones familiares y de trabajo, tener un mejor control de tus emociones, cambiar conductas, dejar de enjuiciar al vecino, tener un pensamiento más positivo para tu propio beneficio, cuidar tu salud, lograr un diálogo interno más asertivo para que te afecte positivamente, mantenerte en equilibrio más

Descubre los tres pilares para triunfar

tiempo, adquirir el autoconocimiento, y muchos otros beneficios.

El mensajero

Es la persona encargada de llevar un mensaje, recado, despacho o noticia a alguien. Imagínate que dentro de una empresa hay un grupo de personas tomadas de la mano, y en el fondo se encuentra el jefe de la misma. Resulta que en ese momento, se estacionó un vehículo a media cuadra de donde ellos estaban, este venía cargado de paquetes los cuales deben ser entregados directamente al dueño de la empresa, entonces lo que hacen estas personas es pasar el paquete hasta que este llegue al lugar que le corresponde.

Luego de haber terminado con esta labor, el jefe los invita a tomar un descanso, y adicionalmente les da un factor económico por el buen trabajo que habían desempeñado. Ahora piensa por un momento que tú eres el vehículo, y sus palabras que cada día expresa son los paquetes, estos son remitidos por medio de las neuronas a su jefe que es la mente. Entonces si quieres tener una respuesta positiva por parte de su mente, como la que obtuvieron aquellos jóvenes pertenecientes a la compañía por parte de su jefe que les genere felicidad, la clave está en la calidad de palabras que usted envíe a su mente a través de sus neuronas.

DIA 6: EL PODER DE LA PARTE RACIONAL.

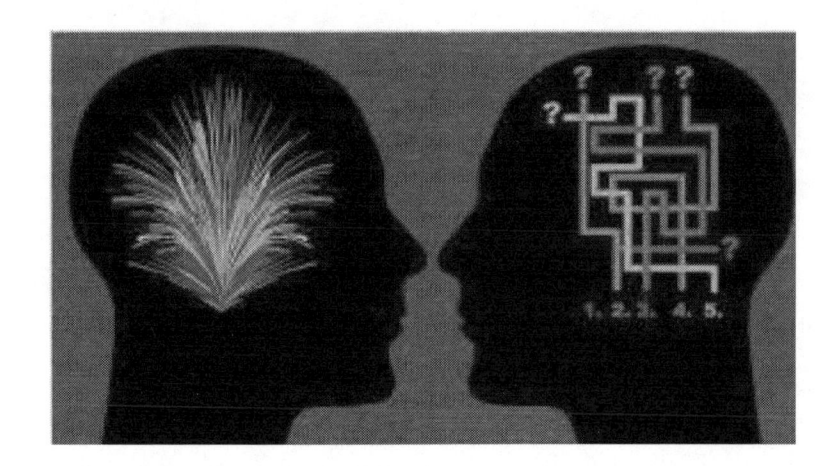

Llamamos inteligencia a la capacidad que un ser vivo tiene de resolver problemas por medio de acciones que no están programadas de modo instintivo. Para que haya una conducta como resultado de un aprendizaje (conducta aprendida) es preciso que el individuo la haya adquirido antes por sí mismo o con ayuda de otros. El ser humano es el animal más capacitado en la adquisición de conductas nuevas, por tanto se puede decir que es el animal más inteligente. A distintos niveles muchos seres vivos tienen algún grado de conductas aprendidas. En los mamíferos es donde se manifiesta más intensamente esta propiedad de la inteligencia. Los primates son los mamíferos más inteligentes, y entre los primates, tenemos al ser humano.

El ser humano es el animal con cerebro más complejo de toda la naturaleza. Según nos vamos acercando a animales con conductas más complejas (y cerebros más complejos) como es el caso de los chimpancés, los aprendizajes se hacen más sofisticados: se observa y se imita la conducta de los animales del entorno. Este es un método muy potente de aprendizaje y en el ser humano está multiplicado exponencialmente por la especial capacidad simbólica de la inteligencia humana: aprendemos por observación e imitación directa de lo que hacen familiares, amigos, profesores, terceras personas,...etc. y también aprendemos interpretando símbolos en los libros o en lo que la gente nos cuenta.

La inteligencia por tanto hace posible que adquiramos destrezas (atarnos los cordones de los zapatos, usar un ordenador, conducir un coche, leer,...). Todas las destrezas y conocimientos que pone en juego el ser humano lo son para resolver las situaciones relacionadas con la supervivencia, en un primer momento, o para resolver las situaciones relacionadas con vivir mejor, con mayor bienestar y felicidad.

Emociones y razones van de la mano. Hay que tener a la vista también otro elemento muy importante, nuestra inteligencia pensante se desarrolla a través de un aprendizaje continuo en el que, al aprender de los demás, suponemos también en los demás la inteligencia.

El trabajo del campesino.

Érase una vez un padre de familia estando en el campo se colocó a fumigar un cultivo de papa que tenía alrededor de la casa, mientras que este realizaba el trabajo su hijo de tan solo 5 años de edad lo estaba observando. De tal forma que cuando este terminó de realizar la actividad laboral, encontró a su hijo haciendo la misma actividad que él estaba desarrollando. Esto quiere decir que nosotros adquirimos el aprendizaje a partir de la observación y la imitación. Por lo tanto es fundamental que los padres, familiares, amigos y maestros. Tengan mucho cuidado con lo que hacen frente a sus hijos o alumnos, ya que pueden ser víctimas de su propio invento.

DIA 7: ATENCIÓN

Javier Orlando Ballén Chávez

Cuando hablamos de atención, nos referimos a «observar en todos los sentidos», apreciar y discernir imágenes, sonidos y sensaciones de nuestro alrededor y también de nuestro mundo interno, que es el caso de los sueños, las imaginaciones, el diálogo interno, las emociones, los sentimientos, las creencias y valores. Adicionalmente se considera la atención como el primer filtro por donde entra la información, la cual cuenta con la capacidad de ser seleccionada, procesada, y se desecha aquello que no es útil.

Imagínate que en tu casa hay una caneca de agua la cual se encuentra instalada al frente de la gotera que sale del canal de tu casa, entonces un día el dueño de la misma se queda fijamente mirando al fondo de este recipiente, y se dio cuenta que se notaba plenamente oscuro en el fondo, entonces descubrió que esto era lo que los estaba enfermando. Al tener esta información en las manos comenzó a investigar qué podría hacer para purificar el agua. Al principio utilizó una coladera, la cual no le estaba dando mayor resultado, por lo tanto continúa en la búsqueda, hasta que logra encontrarse con un purificador de agua. Desde ese momento la vida le cambió, y gracias a ese purificador del oxígeno hoy le permite comer saludable, debido a que una vez que pasa el agua por este filtro, sale como un cristal. Entonces lo mismo pasa con nuestra mente, si no utilizamos la atención que es el filtro por donde se selecciona el contenido, déjame decirte que terminaremos enfermos, estancados y tristes. Debido al tipo de información que se encuentra almacenada. Sin embargo si dejamos que la atención esté alerta los resultados que obtendremos son extraordinarios.

EL HOMBRE RICO

Érase una vez había un hombre llamado Jesús quien se colocó en camino hacia la montaña, cuando de repente llega un joven corriendo, le dice maestro bueno ¿qué debo hacer para poder heredar la vida eterna? Jesús le contestó: ¿Por qué me llamas bueno? Nadie es bueno sino solamente Dios. Ya sabes los mandamientos: no mates, no cometas adulterio, no robes, no levantes falsos testimonios, no seas injusto, honra a tu padre y a tu madre. El entonces le contestó, maestro, todo lo que me acabas de decir lo he cumplido desde mi juventud. Jesús fijando la mirada llena de cariño, le dijo: te falta una cosa: anda, vende todo lo que tiene y dárselo a los pobres y tendrás un tesoro en el cielo. El joven al escuchar estas palabras por parte del maestro, dio media vuelta y se fue muy triste porque era muy rico.

Marcos 10: 17-30

Reflexión: Déjame decirte algo, este joven colocó toda su atención en los bienes materiales, información que en ese momento no era tan importante, por lo tanto el deja entrar este contenido a su mente, la cual no le permitió estar atento al mensaje que Jesús le quería indicar, el en ningún momento le estaba diciendo quédate sin nada hijo mío. Lo que él le estaba indicando era tomar la fórmula con la que conseguiste toda su prosperidad y abundancia. Enséñala a las personas que no cuentan con el presupuesto, para que estos adquieran alimento, y de esta forma puedan ser felices. Muchas veces la falta de enfoque hace que nuestra atención se disperse, y esto hace que perdamos grandes oportunidades en la vida. Por eso la invitación que te quiero hacer el día de hoy es no coloque su atención en los comentarios del mundo, porque si tú lo haces esto te genera distracción, y finalmente sus proyectos quedan inconclusos. Para finalizar quiero que se haga la siguiente pregunta ¿Dónde crees tú que debes colocar su atención, en el que dirán o en sus metas? Si nos podemos dar cuenta el joven la colocó en el que dirán mas no en la meta que era para este caso especial, ganar el puesto en la vida eterna.

ESTADO DE ALERTA

Decimos que mantenemos un estado de alerta, cuando estamos activados, todos nuestros sentidos están encendidos y funcionando al máximo. Esto consume recursos del cerebro, ya que requiere consciencia para procesar la mucha cantidad de información en un momento dado. Por ejemplo, si estoy manejando un auto en el centro de la ciudad, mantendré un estado de alerta mucho mayor a si estoy en el campo leyendo un libro un domingo. Al manejar el coche, debo estar mucho más alerta (debo estar pendiente de estímulos sensoriales visuales, auditivos y kinestésicos) para ver autos delante, a los costados y detrás, motos, peatones, señales, sonidos de ambulancia, el tablero del coche, las revoluciones del motor para cambiar la marcha y muchos estímulos más.

Descubre los tres pilares para triunfar

FOCALIZACIÓN

Por otro lado, la focalización, es la capacidad de concentrarse en una tarea, en presencia de estímulos que distraen (Mirsky & Duncan, 2001). Refiere a la información importante en la que debo centrarme en un momento dado. Por ejemplo, si estoy cosiendo un botón, estaré focalizado en esa acción para cuidarme de ser preciso con la aguja. Si estoy estudiando para un examen en un bar, mantengo el foco en lo que estoy leyendo y "anuló" todo lo demás.

Las personas preferentemente auditivas, según la descripción que hacemos de ellas desde la PNL, suelen lograr más fácil enfocarse en una cosa. Entonces, cuando necesitamos concentrarnos en una cosa (hacer foco) ponernos auditivos es una buena estrategia. Acompañando esto, hacer un buen ejercicio de centramiento, es de gran utilidad para predisponernos a realizar esa tarea y mantener la atención. A la capacidad de mantener el foco en algo durante un tiempo, se le llama atención sostenida.

Hoy en día, se dice que los niños no tienen esta capacidad, en la mayoría de los casos se confunde la manera particular de procesar la información que tienen estos niños con un trastorno de hiperactividad o trastorno de atención. Al diagnosticar esto, generalmente se les médica, en lugar de revisar de qué manera se les está estimulando y motivando a aprender. En lugar de adaptar los métodos de enseñanza, se les médica para que los niños se adapten a los métodos de los adultos. Por eso es muy importante tener en cuenta que cuando se vaya a realizar en niños, adolescentes y adultos. Algún tipo de modificación de conductas, es muy válido identificar qué traumas, creencias, eventos, emociones, sentimientos y pensamientos negativos se encuentran en la mente inconsciente. Porque si solamente nos vamos al síntoma y no a la raíz de la situación, estaríamos haciendo un trabajo incompleto, que nos llevaría a obtener un resultado inconcluso. En cambio sí accedemos directamente a la raíz de la situación, podríamos tener excelentes resultados en nuestros pacientes.

Ahora bien, a los adultos, muchas veces también nos cuesta mantener la atención (especialmente a los preferentemente visuales o kinestésicos). Entonces es frecuente ver, por ejemplo, en una presentación oral, si el presentador tiene una voz monótona o el tema no es de interés, las personas de la audiencia van a tender a desmotivarse y por ende, perder la atención. Por esto es importante utilizar diversos recursos para mantener la atención, por ejemplo, cambiando algún atributo de la voz, usando recursos audiovisuales, involucrando a la audiencia, generando sorpresa, etc.

Descubre los tres pilares para triunfar

TODOS TENEMOS GRIETAS

Un cargador de agua de la India tenía dos grandes vasijas que colgaba a los extremos de un palo y que llevaba encima de los hombros. Una de las vasijas tenía varias grietas, mientras que la otra era perfecta y conservaba toda el agua al final del largo camino a pie, desde el arroyo hasta la casa de su patrón, pero cuando llegaba, la vasija rota sólo tenía la mitad del agua.

Durante dos años completos esto fue así diariamente, desde luego la vasija perfecta estaba muy orgullosa de sus logros, pues se sabía perfecta para los fines para los que fue creada. Pero la pobre vasija agrietada estaba muy avergonzada de su propia imperfección y se sentía miserable porque sólo podía hacer la mitad de todo lo que se suponía que era su obligación.

Después de dos años, la tinaja quebrada le habló al aguador diciéndole:

"Estoy avergonzada y me quiero disculpar contigo porque debido a mis grietas sólo puedes entregar la mitad de mi carga y sólo obtienes la mitad del valor que deberías recibir".

El aguador, apesadumbrado, le dijo compasivamente: "Cuando regresemos a la casa quiero que notes las bellísimas flores que crecen a lo largo del camino. "Así lo hizo la tinaja. Y en efecto vio muchas flores hermosas a lo largo del camino, pero de todos modos se sintió apenada porque al final, sólo quedaba dentro de sí la mitad del agua que debía llevar.

El aguador le dijo entonces "¿Te diste cuenta de que las flores sólo crecen a tu lado del camino? Siempre he sabido de tus grietas y quise sacar el lado positivo de ello. Sembré semillas de flores a todo lo largo del camino por donde vas y todos los días las has regado y por dos años yo he podido recoger estas flores para decorar el altar de mi Maestro. Si no fueras exactamente cómo eres, con todo y tus defectos, no hubiera sido posible crear esta belleza."

Moraleja de esta historia

Cada uno de nosotros tiene sus propias grietas. Todos somos vasijas agrietadas, pero debemos saber que siempre existe la posibilidad de aprovechar las grietas para obtener buenos resultados.

La pregunta sería ¿Tu a pesar de tus grietas estas cumpliendo con la tarea que Dios te ha encomendado?

Descubre los tres pilares para triunfar

DIA 8: EL ESPEJO DE LA ADVERSIDAD

Descubre los tres pilares para triunfar

La adversidad hace referencia a aquellas situaciones difíciles que una persona enfrenta en la vida, que pueden ser obstáculos, desafíos, enfermedades, pérdidas, fracasos, conflictos o circunstancias adversas e inesperadas. Lo que realmente está generando esta adversidad que se te presenta allá afuera recuerdas que nada más es un espejo de lo que se te está presentando en el interior de tu mente. Y es precisamente a aquellas creencias limitantes, pensamientos, sentimientos, emociones, y traumas negativos que se encuentran almacenados en la mente inconsciente, los cuales te mantienen condicionados, y no te dejan obtener la calidad de vida que realmente merece. Recuerda que desde la infancia fuiste programado, por tus padres, familiares, amigos y maestros. Que finalmente te programaron para el éxito o para el fracaso, sin embargo esto no es lo más importante, realmente lo que sí debo hacer es acceder a la mente inconsciente para identificar qué tipo de información se encuentra instalada en este lugar. Y de acuerdo a ese descubrimiento sacas tus propias conclusiones que te pueden llevar a cambiar el contenido o a potencializarlo.

Anécdota el elefante del circo

Cuando yo era chico me encantaban los circos, y lo que más me gustaba de los circos eran los animales. También a mí como a otros, después me enteré, me llamaba la atención el elefante. Durante la función, la enorme bestia hacía despliegue de peso, tamaño y fuerza descomunal... pero después de su actuación y hasta un rato antes de volver al escenario, el elefante quedaba sujeto solamente por una cadena que aprisionaba una de sus patas a una pequeña estaca clavada en el suelo. Sin embargo, la estaca era sólo un minúsculo pedazo de madera apenas enterrado unos centímetros en la tierra. Y aunque la cadena era gruesa y poderosa, me parecía obvio que ese animal capaz de arrancar un árbol de tajo con su propia fuerza, podría, con facilidad, arrancar la estaca y huir.

El misterio es evidente: ¿Qué lo mantiene entonces? ¿Por qué no huye? Cuando tenía cinco o seis años, pregunté a algún maestro, a mi padre o a algún tío por el misterio del elefante. Alguno de ellos me explicó que el elefante no se escapaba porque estaba amaestrado. Hice entonces la pregunta obvia: Si está amaestrado, ¿por qué lo

Descubre los tres pilares para triunfar

encadenan? No recuerdo haber recibido ninguna respuesta coherente. Con el tiempo me olvidé del misterio del elefante y la estaca... y sólo lo recordaba cuando me encontraba con otros que también se habían hecho la misma pregunta.

Hace algunos años descubrí que por suerte para mí alguien había sido lo bastante sabio como para encontrar la respuesta: "El elefante del circo no escapa porque ha estado atado a una estaca parecida desde que era muy pequeño". Cerré los ojos y me imaginé al pequeño recién nacido sujeto a la estaca. Estoy seguro de que en aquel momento el elefantito empujó, tiró y sudó tratando de soltarse. Y a pesar de todo su esfuerzo no pudo. La estaca era ciertamente muy fuerte para él. Juraría que se durmió agotado y que al día siguiente volvía a probar, y también al otro y al que seguía... hasta que un día, un terrible día para su historia, el animal aceptó su impotencia y se resignó a su destino. Este elefante enorme y poderoso no escapa porque cree que no puede. Él tiene registro y recuerdo de su impotencia, de aquélla impotencia que se siente poco después de nacer. Y lo peor es que jamás se ha vuelto a cuestionar seriamente ese registro. Jamás... Jamás... intentó poner a prueba su fuerza otra vez...

Moraleja de esta historia.

Cada uno de nosotros somos un poco como ese elefante: vamos por el mundo atados a cientos de estacas que nos restan libertad. Vivimos creyendo que un montón de cosas "no podemos hacer" simplemente porque alguna vez probamos y no pudimos. Grabamos en nuestro recuerdo "no puedo... no puedo y nunca podré", perdiendo una de las mayores bendiciones con que puede contar un ser humano: la fe. Por eso la invitación es si usted está pasando en este momento por una adversidad a la cual se encuentra atada, empiece a buscar la manera de salir de esta situación, tú estás puesto para el éxito, la prosperidad y la abundancia. No importa si naciste en una familia de bajos recursos, lo que vale es el deseo ardiente de querer cambiar la situación en la que se encuentra. Si tú te lo propones lo logras, solo tú tienes el poder para hacerlo ánimo no te detengas.

TÉCNICAS

TÉCNICA 1: EL PODER DE LA IMAGINACIÓN Y VISUALIZACIÓN.

Descubre los tres pilares para triunfar

EL PODER DE LA IMAGINACIÓN

Cada ser humano tiene una imaginación que puede estar reprimida, distorsionada o inactiva, pero existe, y es más potente que la fuerza de voluntad, pero cuando existe un conflicto entre ambas -imaginación y fuerza de voluntad-, siempre gana la primera.

Valida tu poder siguiendo estos pasos;

1. Cierra los Ojos, Respira profunda y relajadamente, describe o carga la imagen, imagínate a ti mismo en el pasado o presente. ¿Qué sientes? ¿Qué escuchas?

2. Crea emociones positivas acerca de lo que estás imaginando.

3. Dedica 1 a 3 minutos de tu día para imaginar mentalmente lo que deseas que se haga realidad. "Tu imaginación es libre, no la hagas prisionera de las convicciones de los demás"

EL PODER DE LA VISUALIZACIÓN

¿Por qué la visualización es tan importante para modificar nuestras vidas? Porque:

• Genera pensamientos efectivos en el momento presente.

• Emite una fuerte señal al Universo.

• Se basa en la fe y en la imaginación para provocar beneficios.

Te transporta mentalmente al lugar en el que quieres estar en tu vida.

• Cambia tu actitud negativa por una positiva.

• Te ayuda a pensar qué quieres para tu vida y a ahondar en tus deseos más profundos.

• Rompe con las trabas exteriores de lo imposible y te proyecta hacia lo posible.

• Se puede utilizar para cualquier aspecto de nuestras vidas: Salud, dinero, amor, etc.

• Nos ayuda a pensar si nuestras acciones contradicen o acompañan nuestros anhelos.

VALIDA TU PODER SIGUIENDO ESTOS PASOS

1. Cierra los Ojos, Respira profunda y relajadamente, describe o carga la imagen deseada, visualízate a ti mismo teniendo éxito en la vida, tal y como a ti te gustaría. ¿Qué sientes? ¿Qué escuchas, claramente? ¿Qué colores visualizas? ¿Los colores que ves son brillantes u opacos? ¿Puedes percibir aromas, cuáles?

2. Crea emociones y sentimientos positivos, visualízate viviendo eso que quieres, en tu mente.

Descubre los tres pilares para triunfar

3. Dedica 1 a 3 minutos de tu día para visualizar mentalmente lo que deseas que se haga realidad y dale por hecho que lo estás logrando.

TÉCNICA 2: DIETA SENSORIAL

1. Dejar de ver TV por 21 días seguidos.

2. Dejar de recibir noticias negativas y evitar conversaciones negativas.

3. Empieza a hacer seguimiento a tus pensamientos.

PASÓ 02. Aprender a grabar en su mente inconsciente.
Usa dos palabras de reprogramación mental, para aprender a usar mejor tu mente inconsciente.

• En cada momento que te des cuenta que estás pensando en Negativo, repite la palabra ANULAR, ANULAR, ANULAR si puedes más veces.

• En cada momento que te des cuenta que estás pensando en Positivo, repite la palabra GRABAR, GRABAR, GRABAR si puedes más veces.

• OJO: lo puedes hacer en voz alta, baja o solo mentalmente, todo esto por 21 días
Seguidos.

4.- Realiza un acuerdo por escrito con tu mente inconsciente.

03 PARTES AL ESCRIBIR TU ACUERDO CON LA MENTE INCONSCIENTE.

Descubre los tres pilares para triunfar

Pate 01: Reconoce el poder que tiene tu mente inconsciente, pide perdón y dile que lo sientes por no saber que existía.

Parte 02: Agradece los mensajes que te ha estado enviando, pueden ser síntomas, dolores musculares, enfermedades psicosomáticas o sensaciones que te hacen mal y no sabes por qué.

Parte 03: Lograr un acuerdo duradero con tu mente inconsciente, proponiendo algo que puedas cumplir, compromete con acciones concretas por las cuales te sientes bien y que sea ecológica que no vaya contra ti ni afecte a los demás.

VALIDANDO TU CANAL PREFERENTE CON PNL

Test para detectar tu canal de comunicación preferente
Elige la letra con la que identifiques más tu respuesta

1. Si pudiera gastar $1'000,000.00 en uno de los artículos siguientes, ¿cuál elegiría?

A= Un colchón nuevo.
B= Un estéreo nuevo.
C= Un televisor nuevo.

2. ¿Qué preferiría hacer?
A= Quedarse en casa y comer comida casera.
B= Ir a un concierto.
C= Ir al cine.

3. Si en lugar de vacaciones, realizara alguna de las siguientes actividades, ¿cuál elegiría?

A= Ir a una conferencia.
B= Hacer un paseo por los alrededores.
C= Descansar y no ir a ninguna parte.

4. ¿Cuál de estos ambientes le gusta más?

A= Uno con una vista panorámica espléndida.
B= Uno en el que sienta la brisa del océano.
C= Uno en un lugar tranquilo.

5. ¿A qué acontecimiento preferiría asistir?

A= A una boda.
B= A una exposición de pintura.
C= A una reunión social.

6. ¿Cómo se considera usted?
A= Atlético.
B= Intelectual.
C= Humanitario.

7. ¿Cómo prefiere mantenerse en contacto?

A= Por carta.
B= Por teléfono.
C= Comiendo juntos.

Descubre los tres pilares para triunfar

8. ¿Cómo prefiere pasar el tiempo libre?

A= Conversando.
B= Acariciándose.
C= Mirando algo juntos.

9. Si no encuentra las llaves, ¿qué hace?

A= Las busca mirando por todas partes.
B= Sacude los bolsillos o la cartera para oír el ruido.
C= Busca al tacto.

10. Si tuviera que quedarse en una isla desierta, ¿qué es lo que preferiría llevar?

A= Algunos libros buenos.
B= Un radio portátil.
C= Su bolsa de dormir.

11. ¿Cómo es su forma de vestir?

A= Impecable.
B= Informal.
C= Muy informal.

12 ¿Cómo prefiere estar? (Moda).

A= Como se usa.
B= Muy elegante.

C= Cómodo.

13. Si tuviera todo el dinero necesario, ¿qué haría?

A= Comprar una hermosa casa y quedarse ahí.
B= Viajar, conocer el mundo.
C= Introducirse al mundo social.

14. Si pudiera elegir, ¿qué preferiría ser?

A= Un gran médico.
B= Un gran músico.
C= Un gran pintor.

15. ¿Qué es lo más sexy para usted?

A= La iluminación tenue.
B= El perfume.
C= Cierto tipo de música.

Circula en cada número de abajo la letra correspondiente a tu respuesta (V= Visual, A= Auditivo, S= Sensorial)

V-A-S

1) C B A

2) C B A

Descubre los tres pilares para triunfar

3) B A C

4) A C B

5) B C A

6) A B C

7) A B C

8) C B A

9) A B C

10) AB B

11) A B C

12) AB C

13) BC A

14) C B A

15) AC B

Suma cuantas respuestas tuviste visuales, sensoriales o auditivas, donde tengas mayor número ese es tu canal preferente.

VISUAL_____
AUDITIVO _____
SENSORIAL _____

TÉCNICA 3: CUESTIONA TUS PENSAMIENTOS.

Imagínate que tus padres se fueron de paseo y no te dejaron las llaves de la casa, van a estar fuera de este espacio por un lapso de tiempo de 3 días. De repente sales un momento a la sala y te das cuenta que el recibo del internet está sin pagar. De inmediato te llega un pensamiento que te dice, recuerda la vez pasada no cancelaron el internet y se lo desinstalaron. Es ahí donde llega la preocupación de la persona, por lo tanto este es el momento preciso para cuestionar los pensamientos. Felicidades adelante, la tranquilidad es lo mejor que puede tener un ser humano en la vida.

4 PREGUNTAS PARA CUESTIONAR LOS PENSAMIENTOS.

-¿Es cierto lo que me estás haciendo pensar?

-¿Es absolutamente cierto lo que me estás haciendo pensar?

-¿Es una verdad absoluta?

-¿Cómo sería mi vida sin ese pensamiento?

21 días y luego 90 días

TÉCNICA 4: COMO ELIMINAR CREENCIAS LIMITANTES.

Descubre los tres pilares para triunfar

¿Cómo modificar las creencias limitantes?

FASE 1: Detección y observación de la creencia

Es complicado, pero se trata de eso, de pillar infraganti a tu cerebro para detectar qué creencias tienes.

1) Observa tu forma de expresarte e intenta detectar frases que comiencen con: Creo que esta no es buena época para… Me temo que no voy a poder (miedo)… Confió en que así suceda (confianza)…Tengo fe en que todo se va a arreglar…

2) Presta atención también a las generalizaciones del tiempo "todo me sale mal" o "estoy haciendo todo lo que puedo" ¿Es en esos casos realmente todo sin excepción?

3) Observa las aseveraciones del tipo: Soy + adjetivo. P.e.: Soy tonto, soy inútil, etc. Fíjate que lo anterior no es otra cosa que una toma de conciencia de cómo piensas.

Atención a las creencias "trampa": "Ayudar a los demás es de buenas personas". Y basándote en esa creencia tratas de ayudar a todo el mundo pero descuidas tu vida personal.
Sin duda es una creencia positiva, pero deja de serlo en cuanto limita tu vida.
Ejemplos de algunas Creencias Limitantes:

- Si me equivoco, seré un fracasado/a.
- La gente consigue cosas por suerte (no tiene que ver el esfuerzo)
- No sirvo para nada, me merezco lo peor
- Hay cosas que simplemente no pueden ser
- Debo pensar en los demás primero, aunque esto me perjudique.
- Hay que criticar a las personas que cometen errores.
- Mostrar los sentimientos es de débiles
- Tengo que ser duro/a en el trabajo para hacerme respetar

- Los/as que han hecho tanto dinero o les ha llegado por familia, un golpe de suerte o robando

- No se puede confiar en la gente, todo el mundo va a la suya, uno debe ser competitivo para triunfar.

¿Cómo han llegado esos pensamientos hasta aquí?

Como te decía anteriormente, una creencia no surge de la nada sino que tiene diferentes procedencias. Por lo tanto, lo segundo que has de hacer es cuestionarte ¿por qué crees eso? Si fuera posible, intenta detectar con exactitud cómo llegó a tu pensamiento.

FASE 2: Cambiar la creencia

Descubre los tres pilares para triunfar

La técnica de PNL o procesamiento neuro-lingüístico para cambiar una creencia limitante por una creencia potenciadora. Puedes utilizar esta técnica:

1. Escoge una creencia negativa limitadora. ¿Es una creencia recibida de otras personas o tuya propia?
2. ¿Cuál es la intención positiva de esa creencia? (todo comportamiento encierra una intención positiva)
3. ¿Cuál es la creencia opuesta positiva que quieres incorporar?
4. ¿Cómo puede mejorar mi vida aplicando la creencia positiva?
5. ¿Cómo podría empeorar mi vida por esa nueva creencia?
6. ¿Qué es lo mejor que te puede pasar si continúas con la vieja creencia?
7. ¿Qué es lo mejor que te puede pasar con la creencia positiva?

FASE 3: Consolidación de la creencia.

Personalmente recomiendo consolidar la creencia de dos formas:

1. Repetición de afirmaciones sobre la nueva creencia. Es una buena fórmula de reprogramar el cerebro; "merezco lo mejor", "soy muy útil", "voy a ser feliz".

2. Entrenamiento de la creencia a través de los comportamientos, conductas y lenguaje que estén asociados a la misma

TÉCNICA: MOVIMIENTOS OCULARES.

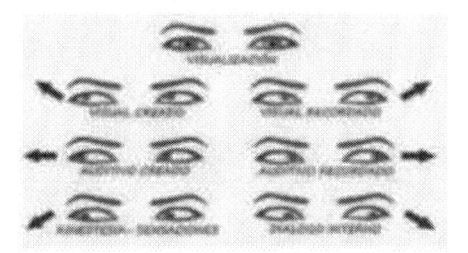

Esta técnica se emplea específicamente, para acceder a la información negativa que se encuentra dentro de la mente inconsciente, me refiero a creencias limitantes, traumas, eventos, sentimientos, emociones, y pensamientos.
Que me mantienen condicionado sin la posibilidad de cumplir los objetivos deseados.

¿QUÉ INDICAN LOS PATRONES OCULARES?

Los estudios han demostrado que los diferentes patrones oculares o movimientos del ojo indican tipos particulares de pensamiento. Dependiendo del tipo de movimiento del ojo, la persona puede estar utilizando diferentes sentidos y hemisferios cerebrales para procesar la información.

Descubre los tres pilares para triunfar

Sistema de procesamiento visual: En la mayoría de los casos, cuando la persona mira hacia la parte superior derecha, está construyendo una imagen. Mirar hacia la parte superior izquierda demuestra que está recordando una imagen.

Sistema de procesamiento auditivo: Cuando una persona recuerda sonidos mira hacia la izquierda, y cuando construye sonidos mira hacia la derecha. A menudo, una inclinación de la cabeza acompaña este procesamiento auditivo, como si se estuviera hablando por teléfono. Sistema de procesamiento Sensorial: Cuando se mira hacia la parte inferior derecha una persona está teniendo acceso a sus sentimientos.

Por ejemplo, cuando una persona está triste tiende a bajar la mirada. Sistema de procesamiento auditivo-digital: Cuando miramos hacia la parte inferior izquierda estamos hablando con nosotros mismos.

TÉCNICA: ELIMINANDO CREENCIAS LIMITANTES EN 60 SEGUNDOS.

Paso 01: Observa la palma de tu mano izquierda y ubica la creencia limitante, colocando algo absurdo. (Chanchos, Elefantes rosas etc.)

Paso 02: Mano derecha y ubica la creencia positiva que quieres integrar.

Paso 03: Integra en tu cuerpo y tu mente esa creencia diciendo frases como las siguientes: Es cierto que mi nombre es: _____
Es cierto que hoy es _____
Es cierto que nací en el año _____

Paso 04: Llevas las dos manos al corazón, cierra los ojos e imagina que la creencia potenciadora está cubriendo, cuerpo, mente y corazón.

Paso 05: Ancla la sensación positiva en cualquier parte de su cuerpo.

TÉCNICA: ELIMINANDO CREENCIAS POR MEDIO DE TARJETAS.

En esta técnica lo que debes hacer es comprar un pliego de cartulina, y dividirla en cuadritos, de tal manera que le permita desarrollar la técnica de manera exitosa.

Paso 01: Toma un cuadro del pliego de cartulina, y escribe la creencia limitante que hayas descubierto.

Paso 02: Ahora toma tres cuadritos y escribe 3 creencias potenciadoras.

Paso 03: Lee la creencia limitante, y luego de hacerlo. Tómala en tus manos, destrúyela y quema los papelitos, las cenizas las pueden depositar en un hueco, lanzarlas al viento o a un rio.

Descubre los tres pilares para triunfar

Paso 04: Ahora lea las 3 creencias potenciadoras durante 21 días de manera consecutiva, hasta lograr crear el nuevo programa mental en la mente inconsciente.

Paso 5: Cada vez que finalice con la lectura de las tres creencias nombradas anteriormente. Celébralo grita un buen (YES).

TÉCNICA 5: METAMODELO DEL LENGUAJE.

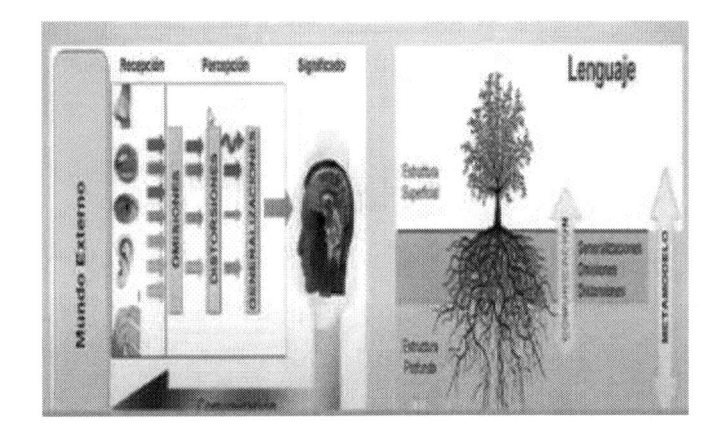

El meta modelo fue el primer modelo desarrollado por Richard Bandler y John Grinder, creadores de la PNL, y que fue publicado en el libro La Estructura de la Magia.

El objetivo del metamodelo es hacer consciente las limitaciones de nuestro mapa mental. Mediante el metamodelo una persona expande, explora y/o revisa su mapa mental, detectando incongruencia, limitaciones o defectos, para que de esta forma pueda tener un comportamiento más efectivo, congruente y saludable.

El metamodelo permite recuperar información que no se verbaliza en la comunicación y que posiblemente está oculta para la persona. Para recuperar dicha información utiliza una serie de preguntas.
Función del metamodelo: Nosotros no interactuamos directamente con la realidad, mundo externo, y territorio. Sino que lo hacemos a través de nuestros mapas mentales. Mapa mental: Es un mapa percibido y filtrado de ese mundo externo, dejando entrar unas cosas sí y otras no.

¿PARA QUÉ SIRVE EL METAMODELO?

El metamodelo lo que hace es juntar la estructura profunda con la estructura superficial. Y llegar a entender mucho más allá de las palabras.

Descubre los tres pilares para triunfar

Estructura profunda: Contar la experiencia de algo.

Estructura superficial: La transmisión de esa experiencia por medio de palabras.

- ✓ Para obtener información.
- ✓ Para clarificar el significado de las expresiones verbales del otro.
- ✓ Para identificar límites auto-impuestos.
- ✓ Para posibilitar y crear nuevas opciones de comprensión y comportamiento.

Omisión	Generalización	Distorsión
• Omisión Simple	• Cuantificadores Universales	• Lectura Mental
• Omisión de Índice Referencial	• Operadores Modales de Necesidad	• Nominalización
• Omisión Comparativa	• Operadores Modales de Posibilidad	• Causa-Efecto
• Verbo Inespecífico		• Equivalencia Compleja
• Juicios		• Presuposiciones

¿CÓMO SE CLASIFICA EL METAMODELO?

El metamodelo consiste en 12 patrones de la comunicación que se dividen en 3 categorías.

Omisiones: La persona elimina cierta información. Ha olvidado dicha información o no la considera relevante.

Distorsiones: La persona cambia datos. Añade su propia interpretación de los mismos o no los recuerda con exactitud.

Generalización: La persona universaliza aspectos particulares de su experiencia, generaliza elementos de su modelo de la realidad. Adicionalmente se considera que en el proceso de aprendizaje todos nos vamos creando algunos hábitos, de aquello que nos funciona. En la vida haces una cosa que tiendes a repetir.

El metamodelo está compuesto por 12 patrones que están agrupados en las tres categorías citadas anteriormente. A continuación analizaremos estos 12 patrones y para ello planteamos la situación en la que se produce, cuál es el objetivo del metamodelo y daremos algunos ejemplos con las preguntas mediante las que se pueden explorar.

Omisiones

Falta de índice referencial:

Situación: No se identifica el sujeto activo de la acción. Es decir, se elimina quién o qué cosa hace concretamente la acción.

Objetivo: Concretar quién o qué realiza la acción.

Descubre los tres pilares para triunfar

Ejemplo La gente dice que no es posible – ¿A qué gente específicamente te refieres? ¿Quién concretamente dice que no es posible?

• Ellos no lo conseguirán... – ¿Quiénes son ellos?
• Me han arruinado la vida – ¿Quién concretamente te ha arruinado la vida?

•Es muy difícil – ¿Qué concretamente es muy difícil?

Verbo inespecífico:

Situación: No se detalla en qué consiste la acción.

Objetivo: Definir claramente la acción.

Ejemplos:
• No me gusta cuando me mira así – ¿Cómo te mira? ¿Qué concretamente no te gusta cuando te mira?
•Me molesta su actitud – ¿Qué específicamente te molesta? ¿Qué actitud concretamente te molesta?
•Estoy enfadada – ¿Qué es lo que concretamente te enfada?
•No aguanto a los sabelotodo – ¿Qué es lo que no aguantas?

Omisión simple:

Situación: Se omite información clave en la frase.

Objetivo: Encontrar la información relevante que falta.

Ejemplo:
•Estoy amargado – ¿Qué concretamente es lo que te amarga?
•No puedo hacerlo – ¿Qué concretamente es lo que no puedes hacer?
•No me aceptan – ¿Qué es lo que sientes que no aceptan de ti?
•Estoy enfadado – ¿Qué es lo que te enfada?

Omisión comparativa:

Situación: Se realiza una comparación pero no se especifica con quién o qué se está comparando.

Objetivo: Determinar el criterio de la comparación.

Ejemplo:
•El azul es mejor – ¿Comparado con cuál?

•Soy el peor – ¿Comparado con quién?

•Es mejor así – ¿Es mejor con respecto a qué?

•Esto es lo más difícil – ¿Lo más difícil comparado con qué? ¿Cuáles son las otras opciones?

Normalización:

Descubre los tres pilares para triunfar

Situación: Utilización de palabras abstractas que conllevan generalmente un significado muy subjetivo.

Objetivo: Transformar la abstracción en algo concreto.

Ejemplo:

- Quiero ser feliz – ¿Para ti concretamente qué significa ser feliz?
- La comunicación con mi pareja es mala – ¿Cómo considerarías que la comunicación sería buena?
- El mundo es un desastre – ¿Qué cosas consideras del mundo un desastre?
- Sus ideales están equivocados – ¿Cuáles son concretamente sus ideales?
- Para mí lo más importante es triunfar – ¿Qué es lo que entendemos por triunfar?

Ejecución perdida, Juicios:

Situación: Se realizan juicios de valor que no se sabe quién los hace.

Objetivo: Determinar quién es el que realmente realiza el juicio y/o cuál es la norma oculta tras dicho juicio.

Ejemplos:

• Los tíos no lloran – ¿Quién dice eso? ¿En base a qué dices que no lloran?

• Es evidente que debemos hacerlo así – ¿Quién dice que es evidente? ¿Para quién es evidente?

• A quién madruga Dios le ayuda – ¿Quién concretamente dice eso?

• No por mucho madrugar amanece más temprano – ¿Quién concretamente dice eso?

Distorsiones

Lectura mental:

Situación: Se realiza una afirmación basada en lo que se cree saber de otra persona.

Objetivo: Determinar la base y el origen de la información.
Ejemplos:

• Luis me odia – ¿Cómo sabes que te odia?

• Es evidente lo que le motiva – ¿Cómo sabes qué es lo que le motiva? ¿En base a que sabes lo que le motiva.

Causa Efecto:

Descubre los tres pilares para triunfar

Situación: Se relaciona una causa externa con un efecto concreto en la persona.

Objetivo: Encontrar la relación entre la causa y el efecto.

Ejemplos:

• Su sola presencia me enfurece – ¿Qué es concretamente lo que te enfurece de esta persona?

• La corrupción me indigna – ¿Qué es concretamente lo que te indigna de la corrupción?

• Los días nublados me ponen triste – ¿Qué es concretamente lo que te pone triste de los días nublados?

Equivalencia compleja:

Situación: Cuando relacionamos dos experiencias distintas.

Objetivo: Verificar que la relación es correcta.

Ejemplo:

• Es un antipático, no me mira – ¿Todas las personas que no te miran son antipáticas? ¿Quieres decir que si alguien no te mira es antipático?

• Me engaña, me ha regalado flores – ¿Si alguien regala flores a otra persona es que la engaña?

•No me ha saludado, es un antipático – ¿Concretamente en qué situación no te ha -saludado?

¿Puede haber alguna razón, que no sea que es un antipático, por la que no te haya saludado?

Presuposición:

Situación: Se propone que algo es cierto antes de que ocurra.

Objetivo: Desafiar la presuposición.

Ejemplo:
•Lo entenderás cuando madures (te considero un niño) – ¿Qué es lo que te hace creer que no he madurado?

•Será un infeliz – ¿Qué es lo que te hace suponer que será un infeliz?

• ¿Prefieres hacerlo ahora o luego? – ¿Qué es lo que te hace pensar que prefiero hacerlo?

Generalizaciones

Cuantificadores Universales
Situación: Basándose en unos pocos ejemplos se generaliza. Utilizamos siempre, todos, nunca, jamás, nada,...

Descubre los tres pilares para triunfar

Objetivo: Cuestionar la generalización.

Ejemplos:
• Todo el mundo me odia – ¿Todo, todo el mundo? ¿Yo también te odio?

• No sé hacer nada – Ya, nada, nada. Y qué me dices de...

Operadores modales:

Situación: Se dan normas, limitaciones al comportamiento. Pueden ser de necesidad (debo, tengo que, hay que, necesito que,...) o posibilidad (no puedo, no es posible)

Objetivo: Identificar el origen de la norma o limitación y las consecuencias del incumplimiento de la misma o identificar el origen o la causa del impedimento.

Ejemplos:
• Necesito comprarme ropa nueva – ¿Qué te obliga a comprarte ropa nueva? ¿Qué pasaría si no te la compras?

• Tengo que gustarle a Luis – ¿Qué pasaría si no le gustases? ¿Qué es lo que te obliga a gustarle?

• No puedo ir solo – ¿Qué pasaría si vas solo? ¿Qué te impide ir solo?

• No puedo relajarme – ¿En qué circunstancias podrías relajarte? ¿Qué te impide relajarte?

TÉCNICA: CAMBIANDO MAPAS MENTALES.

Sigue estos Pasos:

Paso 01: Ubícate frente a una pared donde puedas imaginar y visualizar una pantalla grande como de cine.

Paso 02: Ahora con tu mano izquierda e imaginando y visualizando en la pantalla, vas a señalar una situación o evento que NO QUIERES.

Paso 03: Ahora con esa misma mano (izquierda), hazlo pequeño y llévalo a la parte superior de tu izquierda.

Paso 04: Ahora con tu mano derecha señala en la parte superior de tu derecha, la imagen, evento o situación que deseas y traerlo al frente de ti.

Paso 05: En este Paso repites 3 veces el paso 03 y 04, en cada repetición toma esa situación, evento o problema del paso 03 distorsiónalo desde bajarle el color, el sonido y el sentimiento a cero. Mientras, que en el paso 04 vas aclarando más la visualización hasta ver colores más brillantes, escuchar claramente lo que se dice o ruidos e incluso se sientas como si realmente estuviera sucediendo.

Pasó 06: Ahora concentrarte en lo que, si te gusta y deseas, cierra los ojos, imaginariamente metete al evento o situación que deseas y usa los 3 canales V.S.A

Descubre los tres pilares para triunfar

Paso 07: Ánclate guarda las sensaciones, sentimiento y emociones que viviste del mapa mental positivo que tu instalaste. En cualquier parte de tu cuerpo, dedos, pies, manos etc.

PNL: Posibilitar un cambio personal profundo, un cambio solamente sucede cuando dejas de hacer unas cosas y haces otras. Cuando abandonas unas cosas y te aventuras por otras.

TÉCNICA 6: EL MODELAJE

Se entiende por Modelamiento "El arte de hacer propias las creencias, estrategias, estados internos, conductas verbales y corporales de otra persona, con el propósito de adquirir sus habilidades y talentos con respecto a una conducta que nos interesa" (Fonseca, 1999).

Para dicho autor, modelar es "Poder identificar los procesos internos que usa una persona de éxito con respecto a una conducta determinada... El método le da la clave sobre cómo es posible que la persona (modelo) haga lo que acostumbra. También el método lo guiará por el camino de instalar dicha conducta".

Es decir, cuando se observa a una persona que hace una actividad, aparentemente de manera extraordinaria, en realidad lo que hay que encontrar son aquellos procesos internos que le permiten a esta persona realizar esta actividad de manera más sencilla y eficaz. Si se logra obtener dicha información, existe la posibilidad de que más personas lo puedan realizar también. Esto se puede obtener sobre todo si se observan sus canales perceptuales, es decir, la manera que tiene su cuerpo de registrar la información internamente; estos canales son básicamente 3: Visual, Auditivo y Kinestésico (sensaciones, gusto y olfato respectivamente), estos canales nos permiten captar la información del exterior y organizarla en nuestro interior.

Es una dinámica que realiza el ser humano de manera natural, por lo que no siempre se percata de ello, es por eso que durante el modelaje se alcanza a hacer un análisis a profundidad para obtener información más rica de la experiencia de la persona.

Objetivo

El principal objetivo que pretende alcanzar el programador con el modelaje es ayudar a la gente a entender que ellos tienen el control de sus imágenes, sonidos, emociones y sensaciones en cada representación, por lo tanto, estas pueden ser modificadas para tener una representación de la realidad de una manera más adecuada para la persona, lo que le permitirá tener equilibrio en su vida.

Proceso de modelamiento

Para el correcto desarrollo del modelamiento es necesario seguir los siguientes pasos:

Paso 01: Definir lo que se quiere modelar: Es encontrar aquella habilidad que alguien realiza y que sería valiosa reproducir en otros ámbitos. Esto se logra solo cuando el cliente y el programador saben hacia dónde quieren ir y tienen un objetivo claro.

Pasó 02: Seleccionar el modelo: Es como señala Fonseca "Encontrar una persona que haga lo que desee usted hacer". Tiene que estar disponible y ser alcanzable.

Paso 03: Identificar patrones de éxito: A través de entrevista obtener información de cómo se mueve, cómo es que sus ojos manejan la información, que tipo de palabras utiliza regularmente, desde dónde lo percibe, si es siendo el protagonista o como un espectador, las creencias como formas de pensar sobre sí mismo, entre otros.

Pasó 04: Evaluar la efectividad: Se evalúa la efectividad de los patrones seleccionados para diseñar el plan de enseñanza. Permite conocer la secuencia con que una persona procesa la información y crea estados internos que lo llevan a tener conductas limitantes o desarrolladoras, nos permite para las primeras romper sus pautas, y para las segundas modelarlas y así replicarlas.

Paso 05: Reproducir el modelo: Repetir la habilidad las veces que sea necesario y en los ámbitos o momentos diversos. (YES)

TÉCNICA 7: EL PODER DE TU SARA (CONVICCIÓN, PUNTO S.A.R.A.)

Descubre los tres pilares para triunfar

¿Cuál es el punto Sara? Es un filtro mediante el cual actúa integrando información sensorial provenientes de los nervios espinales y craneales, con información de la corteza cerebral, tronco encefálico y cerebelo.

Función: Es mantener enfocado al ser humano para que logre lo que todo lo que se proponga.

¿Cómo se activa el sistema reticular ascendente?

El método para activar el SAR es muy sencillo: escribe tus metas. Si, así de fácil. Escribe muy detalladamente lo que deseas lograr en cada objetivo, para que de esta manera la información entre al Inconsciente y se logre obtener el resultado que realmente buscas. Esa «lista» de objetivos por alcanzar debe ser coherente con tu filosofía de vida, debe ser alcanzable, debes creer en ella, sobre todo: sentirla.

¿Qué es el encéfalo?

El encéfalo es la masa nerviosa contenida dentro del cráneo. Está envuelta por las meninges, que son tres membranas llamadas: duramadre, piamadre y aracnoides. El encéfalo consta de tres partes más voluminosas: cerebro, cerebelo y bulbo raquídeo, y otras más pequeñas.

¿Cuál es la función del encéfalo?

Es el centro de control del movimiento, del sueño, del hambre, de la sed y de casi todas las actividades vitales necesarias para la supervivencia. Todas las emociones humanas, como el amor, el odio, el miedo, la ira, la alegría y la tristeza, están controladas por el encéfalo. También se encarga de recibir e interpretar las innumerables señales que le llegan desde el organismo y el exterior.

Pasos para activar el SAR

Paso 01: Entra en el estado de relajación utilizando la respiración).

Paso 02: En una hoja tamaño carta u oficio haga el diseño de una circunferencia y píntela de color negro.

Paso 03: Ubícate en un lugar donde la puedas ver, habitación, sala o en el lugar de trabajo.

Paso 04: Colócate de pie a una distancia de un metro de donde está el círculo, cargas la imagen de la meta que deseas lograr en tu mente.

Paso 05: Mira fijamente el circulo sin parpadear, y cuando logres depositar el circulo de color blanco dentro de la base negra sin dejarlo salir, ahí lograste activar el puntos SAR.
Paso 06: Celebra con un buen (YES)
Aplicarlo por 21 días de manera consecutiva.

TÉCNICA 8: 3 ESTRATEGIAS PARA SOLUCIONAR ADVERSIDADES.

LAS 03 ESTRATEGIAS DE CÓMO SOLUCIONAR PROBLEMAS

ESTRATEGIA MENTAL 01 El SPE: (Solución de Problemas por Escrito)

Paso 1: Define el problema por escrito (Desearlo)

Paso 2: ¿Qué es lo peor que puede pasarme?

Paso 3: ¿Esto será importante dentro de 5 o 10 años?

Paso 4: Todo problema contiene la semilla de un beneficio equivalente o superior... (Celebra, Alégrate, Estupendo, Agradece) Se activa una gema dentro de ti que te da la solución.

Pasó 5: ¿Cómo puedo transformar esta situación para mí y los míos en un beneficio superior? R: El que convierte un problema en un beneficio similar o superior. Lo puede todo.

Paso 6: ¿Cuál es el objetivo deseado? qué es lo que quieres lograr, escribe los beneficios que lograrías si solucionas este problema.

Paso 7: ¿Cuál sería el plan que me debe llevar desde esta situación a la situación deseada? Desarrollar un plan definido.

Paso 8: Transformare el problema... escribes el problema... en la magnífica oportunidad... escribes el objetivo... por medio de la planificación eficaz... escribes el plan para solucionarlo.

ESTRATEGIA MENTAL 02 EL SPIS: (SOLUCIÓN DE PROBLEMAS POR INTERMEDIO DEL SUEÑO)

Paso 1: Escribir el problema sin emoción (Disociándote por completo)

Paso 2: Te concentras en el problema ya solucionado. (Lo visualizas, lo sientes y usa tu diálogo interno y que la tengas claro en la mente... ya solucionado)

Paso 3: Te relajas, usas la respiración 5x5 y usas la imaginación para imaginar con el objetivo deseado y te duermes. (Enfocarte en la solución y con esa imagen quédate dormido) La solución viene por intermedio de sueño, ideas, al levantarte o algo sucede. Tienes que estar atento a las señales.

ESTRATEGIA MENTAL 03 EL SPG: (SOLUCIÓN DE PROBLEMAS POR GUÍAS)

Paso 1: En tus oraciones pídele ayuda a los Ángeles, Dios o en quien creas ellos existen.

Paso 2: Pide sabiduría, discernimiento, entendimiento y asegúrate de estar atento a las ideas, sentimientos, corazonadas etc.

Paso 3: Suelta ahora el problema y confía con tanta fe que ya está la solución final.

SEGUNDA PARTE
DESCUBRE TU GRANDEZA

CAPÍTULO 1: CONSTRUYE TU PROPÓSITO DE VIDA.

¿Cuál es el propósito de vida?

Se considera que es la razón por la que te levantas por la mañana ansiosa por enfrentar tu día. Es más grande que un trabajo. Es lo que te impulsa. El propósito de tu vida te da sentido y conexión a todo y a todos a tu alrededor.

La gente tiene una necesidad natural de contar un sentido de propósito, es un sentimiento de que sabes quién eres y dónde encajas en el mundo, que tus metas y tus deseos están en sincronía.

Con frecuencia nos movemos a través de nuestras vidas sin saber muy bien cuál es nuestro propósito. Seguimos los estándares sociales que se nos han dado, por ejemplo: obtener buenas calificaciones, entrar en una buena escuela, obtener un buen trabajo, comprar una casa y empezar una familia.

Imponernos las expectativas de los demás puede evitar que encontremos nuestro propósito. Hacemos lo que sentimos que otros esperan de nosotros, o lo que la sociedad en la que vivimos nos prescribe y no lo que nos hace feliz.

En algunos casos buscamos la validación de los demás en vez de la de nosotros mismos. En lugar de seguir una brújula interna, seguimos las recompensas. Llevándonos a una dirección que no queremos con nuestra vida, tratando de encajar en la versión de alguien más de éxito.

Descubre los tres pilares para triunfar

Por otro lado, compararnos constantemente con los demás, hace que perdamos el enfoque de nuestra vida. Olvidamos que las cosas que nos hacen feliz en la vida son diferentes para cada uno. Hay que recordar que la vida es un maratón, no una carrera y que cada uno avanza a diferentes tiempos. Encontrar un propósito en la vida es un proceso de mirar hacia adentro, no hacia afuera.

Por lo que el paso más importante para encontrar tu propósito es averiguar lo que quiere tu corazón. Teniéndolo puedes dar pequeños pasos para construir una vida que se alinee con esos deseos secretos. Para aprender a creer en ti mismo, para que puedas tener el valor de abrazar tus aspiraciones y hacerlas realidad.

Convierte lo que amas en tu propósito en la vida. Tus dones únicos, tu actitud, tus experiencias se combinan maravillosamente para crear una visión ideal de ti mismo. Vivir tu propósito de vida te traerá alegría y un sentido de satisfacción personal.

Una vez que tengas una idea más clara de lo que te agrada, entonces estás cada vez más cerca de descubrir tu propósito. A continuación te comparto un ejercicio del Dr. Jack Canfield, que hemos utilizado en algunos programas de Coaching para ayudar a las personas a orientarse hacia su propósito. Tómate tu tiempo para realizar el siguiente ejercicio:

TÓMATE TU TIEMPO PARA REALIZAR EL SIGUIENTE EJERCICIO:

1. Enumera dos de tus cualidades personales que te distingan.
   Ejemplo: entusiasmo, creatividad, etc.

   _____
   _____

2. Enumera una o dos formas en las que disfrutas expresando tus cualidades al interactuar con los demás
   Ejemplo: apoyar, inspirar, etc.

   _____
   _____
   _____

3. Imagina que, en este momento, el mundo es perfecto. ¿Cómo lo ves? ¿Cómo interactúan las personas? ¿Cómo te sientes? Escribe tu respuesta en forma de enunciado en tiempo presente, describiendo cómo te sentirías mejor, ese mundo perfecto tal como lo ves y lo sientes. Recuerda que un mundo perfecto es un lugar maravilloso y divertido.

Ejemplo: Todos expresan libremente sus propios y exclusivos talentos. Todos trabajan en armonía. Todos expresan amor.

_____
_____
_____

Descubre los tres pilares para triunfar

4. Combina las tres subdivisiones anteriores en un solo enunciado (mira el ejemplo a continuación).

Ejemplo: Mi propósito es utilizar mi creatividad y mi entusiasmo para apoyar e inspirar a otros a que expresen libremente sus talentos con amor y armonía.

_____
_____
_____
_____
_____
_____
_____

AQUÍ TIENES ALGUNOS EJEMPLOS DE PROPÓSITOS:

✓ Utilizar mi humor, mi creatividad y mis conocimientos para inspirar, animar y empoderar a las personas en proceso de recuperación a fin de que se mantenga sobrios (Terapeuta de adicciones)

✓ Criar niños saludables y prósperos que se distingan en el mundo. (Mamá a tiempo completo)

✓ Capacitar a los propietarios de PYMES para sistematizarlas, con el fin de facilitar la generación de ingresos. (Ingeniero y Consultora de PYMES)

✓ Vivir cada día al máximo y retribuir tanto como sea posible, al mismo tiempo que valoramos alguien especial todos los días (Contratista y constructor)

DECLARACION DE PODER PERSONAL

Una vez que tengas tu propósito determinado y escrito. Léelo todos los días, preferentemente por las mañanas. Si eres una persona creativa quizás quieras hacer un dibujo o arte que represente tu propósito y lo pongas en un lugar visible donde lo veas todos los días. Eso te mantendrá en el curso correcto.

CONSTRUYE TU MENSAJE

SOCIAL		ARTÍSTICO	
Curación de heridas		Realización de eventos	
Lograr la participación		Creación de cosas	
Resolver controversias		Escribir	
Instruir a la gente		Componer	
Dar atención		Visión de posibilidades	
Construir relaciones		Diseñar cosas	
Ayudar a superar los obstáculos		Ver oportunidades grandes	

EMPRENDEDOR		REALISTA	
Llegar a acuerdos		Desplazamiento físico	
Iniciar proyectos		Solución de problemas	
Gestión de las cosas		Hacer crecer las cosas	
Venta de intangibles		Creación de entornos de desarrollo	
Abrir nuevas puertas		Componer	
Explorar caminos			

Descubre los tres pilares para triunfar

Con base en los cuadritos que se muestran anteriormente debes crear tu verdadero mensaje, con el cual marcarás la diferencia.

EJERCICIO:

Paso 01: Tomas una hoja tamaño carta u oficio.

Paso 02: Seleccione dos frases que te llamen la atención de cada cuadro y registre el contenido en la hoja.

Paso 3: Arme tu mensaje y cuéntale al mundo quien realmente eres.

Ejemplo.

Me gusta facilitar el cambio en las personas para que tengan una mentalidad creadora capaz de ver al mundo con ojos de amor de tal forma que les permita ver la gran visión de posibilidades que existen a lo largo del camino que es la vida, esto con el fin de que sigamos avanzando con las ideas que hoy perduran dentro de cada uno de nuestros corazones. Esto es lo que cada día me impulsa a motivar a las personas a destruir esos patrones mentales que aún no les ha permitido explorar todo el talento que se encuentra dentro sí mismos, esto con la finalidad de que puedan construir nuevas fuentes de ingreso que les permitan enderezar caminos que les impide probar de las mieles del éxito, y así puedan tener una vida llena de prosperidad y abundancia.

Preguntas poderosas para edificar tu carta de presentación.

1 ¿A qué te vas a dedicar el resto de tu vida?

2 ¿A quiénes deseas beneficiar con tu producto?

3 ¿Cómo lo vas hacer?

4 ¿Qué medios vas a utilizar para ofrecer tu producto?

¿Cuáles son los 5 sueños más importantes que quieres lograr?

Mi misión

Mi visión

Realiza la lista de sueños que hasta ahora no has podido cumplir- puntos de convergencia

MISIÓN	
PASIÓN	
VOCACIÓN	
PROFESIÓN	

Ejercicio poderoso para que te tomes el tiempo y lo hagas. Y así logres descubrir tu verdadera esencia. Y haz lo que realmente amas.

Descubre los tres pilares para triunfar

Tu Propósito

(Diagrama: Pasión, Misión, Profesión, Vocación — Lo que amas hacer, Lo que el mundo necesita, Por lo que te puede pagar, Tus Talentos → Propósito)

CONOCE TU IKIGAI

(Diagrama Ikigai: Satisfacción, Plenitud, Comodidad, Emoción — Pasión, Misión, Profesión, Vocación)

PLAN DIVINO DE DIOS

Este plan Divino está dirigido a nosotros los creyentes. Fijémonos que es "por medio de la iglesia" que Dios quiere manifestar la plenitud de sus planes divinos. Dios no quiso dejarnos en nuestra miseria y perdición a pesar de haberle desobedecido y rechazado. Él no nos necesitaba para nada pero decidió rescatarnos de acuerdo a un plan maravilloso que se manifiesta plenamente a través de su Hijo, culminando en su muerte sustitutoria y expiatoria.

Eso quiere decir que nosotros vinimos a este mundo a cumplir con un propósito divino, el cual debemos estar atentos a los mensajes que él nos coloca diariamente en nuestras vidas, mediante personas, sueños, pensamientos, sentimientos, circunstancias y la palabra. Para así lograr encontrar ese llamado, seguirlo y tener esa felicidad plena y duradera que realmente queremos.

Para encontrar el plan Divino de Dios para nosotros debemos partir de las siguientes preguntas:

Al final de estas preguntas tú debes haber encontrado el pan divino de Dios. Para ti, así que es hora de que arranques con el ejercicio.
¿Cuál fue la prueba más grande que se le presentó a lo largo de la vida y como hizo para superarla de manera exitosa?

¿Para qué logre superar esa prueba?

¿Será que a partir de esa prueba que supere, yo puedo apoyar al mundo?

¿De qué forma apoyarías al mundo?

Ahora tomes la respuesta de cada pregunta y armes tu mensaje. Y ese es el plan divino que Dios tiene para ti.

CAPÍTULO 2: DESCUBRE TU DON NATURAL A TRAVÉS DE PREGUNTAS PODEROSAS.

Descubre los tres pilares para triunfar

¿Qué es un don natural?

Es aquello que haces de manera fácil, sin esfuerzo, de forma natural, no te cuesta entregarlo a los demás y es aquello que te encanta hacer.

Don Natural: Es un regalo divino de Dios que te abrirá el camino y te permitirá sentarse con los grandes.
Proverbios 18; 16.

¿Cómo puedo saber cuál es mi don?

1. Haz preguntas a tus amigos y familiares acerca de lo que ven en ti.

2. Descubre qué cosas te inspiran y te motivan.

4. Explora la numerología para ver qué revela tu fecha de nacimiento.

4. Piensa en las cosas que te hacen sentir más feliz y más vital.

Hoy me encuentro con personas que manifiestan que no tienen ningún Don, esto no es verdad todos vinimos con un don el cual debemos colocar al servicio de los demás.

¿Qué estrategia puedo utilizar para encontrar mi don natural?

Todo lo que admiras de otros son cualidades o fortalezas que tú tienes, que quizás no has desarrollado o reconocido que tienes, sin embargo todo lo que admiras es algo que tú tienes o lo debes desarrollar.

Fíjate en cosas que tú haces fácilmente sin esfuerzo, que lo haces de forma muy natural que te ha pasado siempre, que no has valorado, reconocido o pensado que es importante.

Pregunta a las personas que conoce qué cualidades y puntos fuertes ven en ti, para este caso pueden ser personas desde las diferentes áreas de su vida. Trabajo, familiares, amigos y maestros. (Pedirle que se lo envíen por escrito).

Haz una lista de las cosas que haces y pierdes la noción del tiempo, es decir cuando está en un estado de fluir.

Recuerdas tu infancia, cuando eras pequeño que era lo que hacías, simplemente por el gusto de hacerlo.

1. ¿Qué tipo de intereses o deseos de tu infancia no has logrado explorar, pero aun te gustaría hacerlo?

2. ¿Si pudieses escoger 3 cosas por las cuales quieres ser recordado después de muerto, cuáles serían?

3. ¿Conoces a alguien en tu vida que te inspire? ¿Por qué te inspira?

Descubre los tres pilares para triunfar

4. ¿Qué habilidades o talentos tienes que desearías apasionadamente usar en tu vida?

5. ¿Qué habilidades o talentos tienes que no deseas en tu vida? ¿Por qué?

6. Piensa en algún trabajo que has tenido en tu vida, ¿Qué tipo de actividades hacías que te emocionaron y/o te motivaron?

7. Piensa en algún trabajo que has tenido en tu vida, ¿Qué tipo de actividades hacías que no te emocionaron y/o te motivaron y no deseas volver a hacer?

8. ¿En una semana normal, cuánto tiempo inviertes haciendo cosas que no te gustan o que tú sientes que son un desperdicio de tiempo?

9. Cuáles son los 5 valores fundamentales más importantes para ti?

10. ¿Qué estarías dispuesto(a) hacer el resto de su vida apasionadamente así no le pagaran, pero que fuera feliz?

11. ¿Qué es lo que te está deteniendo para ir en busca de aquello que en verdad te apasiona en la vida?

12. ¿Qué tipo de creencias tienes con respecto a ti mismo y tus habilidades para alcanzar las cosas que en verdad deseas tener en tu vida?

13. ¿De qué manera tus creencias limitantes y miedos te están deteniendo y no te permiten ir a buscar tu pasión?

14. ¿Qué es lo que más te preocupa y te impide ir a perseguir tu pasión?

15. ¿Hay alguien en tu vida que te impide ir a perseguir tu pasión? ¿Quiénes son y cómo te lo están impidiendo?

16. ¿De qué manera podría comunicarse con esta persona para solicitar su apoyo o pedirle que se aleje de usted?

17. ¿Qué tipo de intereses o hobbies has tenido en los últimos años que te intrigan y puedes llegar a considerar como una pasión para tu vida?

18. ¿Estás dispuesto a invertir más tiempo aprendiendo las habilidades que necesitas para alcanzar tu pasión?

19. ¿Qué tipo de cosas deseas verdaderamente alcanzar antes de morir?

20. ¿Qué tipo de pasos has tomado con el fin de conseguir las cosas que quieres?

21. ¿Estarías dispuesto a trabajar en algo que no te apasiona por un momento con el fin de sostenerte mientras persigues tu pasión fuera de tu trabajo?

22. ¿Qué tipo de logro te haría sentir orgulloso de ti mismo?

Descubre los tres pilares para triunfar

23. ¿Si tuvieras la oportunidad de comenzar de nuevo tu vida, tus relaciones y tu carrera, qué cosas harías diferente?

24. Si vas a vivir 80 años en este mundo, ¿Cuántos días te quedan de vida? (80 – tu edad actual x 365).

25 ¿Qué es lo que realmente te gusta y amas hacer?

26 ¿Qué es lo que hace de manera natural que no necesitas ningún esfuerzo para hacerlo, y lo haces excelentemente bien?

27 ¿Pregúntales a padres, familiares, amigos y maestros que cualidades, y puntos fuertes ven en ti?

Todas las preguntas son importantes, sin embargo debes enfocarte en la 10, 25 y 26. Para que descubras tu Don Natural.

CAPÍTULO 3: TEST PARA VALIDAR TU PERSONALIDAD.

¿Qué es y para qué sirve un test de personalidad?

Indagar o conocer sobre quienes somos más allá de nuestra propia percepción o lo que podamos decir, es muy viable – comprobado científicamente – a través de un test de personalidad, el cual se categoriza como una herramienta capaz de determinar los rasgos psicológicos y por supuesto aspectos determinantes de la personalidad del individuo, tales como sus sentimientos o actitudes, determinando su reacción ante posibles circunstancias.

Un test para medir personalidad puede estar configurado de diversas maneras aplicable para personas tanto del género femenino o masculino, en cualquier edad, manteniendo una estructura específica de acuerdo a la función del instrumento, sin embargo cada uno trata sobre un mismo tema: la personalidad

¿Qué se evalúa en una prueba de personalidad?

La personalidad al ser intangible pero medible, como es en el caso del estudio de la inteligencia, su validez en los resultados dependerá de diversos factores como la sinceridad o apertura del evaluado, la calidad del instrumento a aplicar, y la capacidad de interpretación por parte del examinador.

¿Cuántos Tipos De Test De Personalidad Se Pueden Encontrar?

Descubre los tres pilares para triunfar

Existe una amplia variedad de pruebas psicológicas para medir la personalidad, las cuales son bastante acertadas y populares por su efectividad. Sin embargo entre las más aplicadas o buscadas se ubican:

1. **Cuestionarios:** Se encarga de realizar varias preguntas en base a diversos planteamientos o escenarios, en donde el cuestionario de los 16 factores de la personalidad, se destaca entre uno de los primeros que se desarrolló por el investigador Raymond Cattel (1945), logrando definir rasgos personales como la estabilidad emocional, independencia, agresividad, decisión, etc.

2. **Test proyectivos:** Aplicado mediante la presentación de láminas que poseen manchas abstractas o dibujos propiamente, los cuales pueden ser interpretados de distintas maneras en base a ciertos parámetros previamente establecidos, tales como el test del árbol, test Rorschach o el test de apercepción temática.

En los test proyectivos, normalmente se obtiene información valiosa del inconsciente e incluso conflictos internos, que no son reconocidos en primer lugar por el individuo, sino que se manifiestan a través de ejercicios creativos e introspectivos, considerándose una información fundamental al momento de comprender las actitudes o capacidad de respuesta del evaluado.

3. **Test de aptitudes:** A través de esta herramienta es posible determinar la capacidad intelectual del

individuo, calificando su rendimiento o nivel de conocimiento.

Es importante destacar que dentro de un test de este tipo también se pueden considerar entrevistas con preguntas abiertas y cerradas, utilizando la técnica de la observación directa y la aplicación de pruebas escritas que en la mayoría de los casos suelen calificarse en base a una estandarización previamente establecida.

¿Para Qué Sirve Un Test De Personalidad?

Para las empresas de reclutamiento u organizaciones que requieren de un personal con ciertos rasgos, habilidades o aptitudes, normalmente suelen recurrir a estos instrumentos, aunque deben ser necesariamente evaluados por un personal capacitado a pesar que sean estandarizadas, principalmente si las respuestas son abiertas o requieren de un estudio e interpretación específico, tal como sucede en los test proyectivos.

A su vez debido a las nuevas exigencias empresariales se ha observado incremento en la utilización de estas herramientas, permitiendo rectificar la información o veracidad de lo que diga el candidato profesional durante la entrevista, disminuyendo contratiempos luego de la contratación.

Por otro lado, los test de personalidad son muy viables en otras áreas, ya que igualmente se pueden obtener datos importantes, partiendo de las evaluaciones clínicas o por exploración personal.

Ventajas

- Permite identificar los rasgos de la personalidad del individuo.

- Se pueden determinar las habilidades, rendimiento y desempeño del evaluado en un escenario o contexto específico.

- Es muy útil para el sector laboral, escolar, estudios clínicos y de autoconocimiento como individuo.

Desventajas

- ❖ Normalmente la evaluada trata de impresionar al examinador, desencadenando que las respuestas sean forzadas, alterando significativamente los resultados, justificando la inexactitud del análisis, por ende se debe hacer énfasis en que se debe responder con la mayor honestidad posible.

- ❖ Mientras más extenso o específico sea el estudio, serán mucho más elevados los costos, puesto que es indispensable conocer ampliamente la ejecución y análisis del test de personalidad a aplicar.

Realiza el test de personalidad.

16personalities.com/es/test-de-personalidad

INTJ - Arquitecto

NEGOCIOS / FINANZAS • Especialista en seguridad cibernética • Consultor de gestión: servicios informáticos / de información, marketing, reorganización • Economista • Investigador farmacéutico (I + D) • Asesor financiero personal • Analista de investigación de mercado • Analista de gestión • Banquero de inversión • Banquero internacional • Analista de crédito • Analista financiero • Planificador estratégico • Analista de presupuesto • Tesorero o controlador • Ejecutivo del sector privado • Tasador de bienes raíces

TECNOLOGÍA • Científico / investigador científico • Analista de sistemas de redes y comunicaciones de datos • Desarrollador de software: aplicaciones, sistemas • Programador de ordenadores • Especialista en redes • Arquitecto de información y diseño • Ingeniero en robótica y fabricación • Tecnólogo en inteligencia artificial • Técnico: eléctrico / electrónico • Astrónomo • Investigador / Ingeniero biomédico • Analista de investigación de operaciones • Desarrollador de servicios de información • Desarrollador de nuevos negocios • Especialista en integración de redes • Administrador de bases de datos • Administrador de redes y sistemas informáticos • Ingeniero de software, software de sistemas • Ingeniero de software,

Descubre los tres pilares para triunfar

aplicaciones • Diseñador de impresión • Diseñador de interacción • Programador Java • Especialista en seguridad informática • Ingeniero de radiodifusión

EDUCACIÓN • Profesor universitario: ciencias de la computación / matemáticas • Diseñador de currículum académico • Administrador • Matemático • Antropólogo
ATENCIÓN MÉDICA / MEDICINA • Psiquiatra • Psicólogo • Científico médico • Neurólogo • Investigador / ingeniero biomédico • Cardiólogo • Farmacólogo • Investigador farmacéutico • Médico forense • Patólogo • Micro Biólogo • Genetista • Cirujano • Técnico cardiovascular
PROFESIONAL • Abogado: administrativo / litigante • Consultor de gestión • Planificador estratégico • Analista de inversiones / negocios • Gerente • Juez • Analista de noticias / escritor • Ingeniero • Ingeniero metalúrgico • Abogado de propiedad intelectual • Ingeniero civil • Abogado (especialidad: donaciones sin fines de lucro) • Abogado (especialidad: planificación patrimonial) • Ingeniero aeroespacial • Ingeniero nuclear • Arquitecto • Científico ambiental • Criminalista y experto en balística • Piloto

CREATIVO • Escritor / escritor editorial • Artista • Inventor • Diseñador gráfico • Arquitecto • Arquitecto de diseño universal • Diseñador de gráficos informativos • Planificador de medios independiente • Editor / director de arte (revista) • Columnista, crítico, comentarista • Blogger • Diseñador de exposiciones y constructor.

INTP - LÓGICO

COMPUTADORAS / TECNOLOGÍA • Desarrollador de software: aplicaciones, sistemas • Programador de computadoras • Desarrollador de aplicaciones móviles • Investigador y desarrollador de computadoras • Analista de sistemas de red y comunicaciones de datos • Planificador estratégico • Nuevo mercado o conceptualizador de productos • Desarrollador de servicios de información - programación de computadoras • Servicios de información nuevos: desarrollador de negocios • Especialista en redes • Consultor de gestión de cambios • Consultor de gestión: servicios informáticos / de información, servicios, marketing, reorganización • Diseñador de impresión • Diseñador de interacción • Administrador de redes y sistemas informáticos • Animador informático • Ingeniero de software informático, software de sistemas • Programador Java • Desarrollador de software • Especialista en seguridad cibernética

ATENCIÓN MÉDICA / TÉCNICA • Neurólogo • Físico • Cirujano • Médico • Farmacéutico • Científico médico • Científico: química / biología • Investigador farmacéutico • Ingeniero / investigador biomédico • Veterinario • Micro Biólogo • Genetista

PROFESIONAL / EMPRESARIAL • Abogado • Economista • Asesor financiero personal • Psicólogo / psicoanalista • Analista de investigación de mercado • Analista financiero • Arquitecto • Banquero de inversiones • Investigador • Abogado de propiedad intelectual • Mediador legal •

Descubre los tres pilares para triunfar

Abogado de finanzas corporativas • Psiquiatra • Emprendedor • Analista de negocios • Físico • Biofísico • Antropólogo • Especialista en inteligencia.

ACADÉMICO • Matemático • Arqueólogo • Historiador • Filósofo • Profesor universitario • Educador en línea • Investigador • Administrador de la facultad universitaria • Economista • Intérprete / traductor • Astrónomo
CREATIVO • Fotógrafo • Escritor creativo • Artista • Diseñador gráfico • Animador / bailarín • Músico • Agente • Inventor • Diseñador de gráficos informativos • Columnista, crítico, comentarista • Blogger • Arreglador musical • Productor • director: escenario, películas • Editor de películas • Director de arte.

ENTJ - COMANDANTE

NEGOCIOS • Ejecutivo • Gerente senior • Gerente de oficina • Administrador • Gerente de personal • Analista de gestión • Director de desarrollo de negocios • Analista de investigación de mercado • Especialista en integración de redes (telecomunicaciones) • Capacitador técnico • Servicios de información: desarrollador de nuevos negocios • Consultor de logística (fabricación) • Gerencia consultor: servicios de informática / información, marketing, reorganización • Gerente de cuentas publicitarias • Ejecutivo de marketing: industria de transmisión en línea / radio / TV / cable • Planificador / comprador de medios • Ventas y marketing internacional • Propietario de la franquicia • Gerente de ventas • Administrador de atención médica • Administrador de colegio y universidad • Editor administrativo • Productor de teatro • Supervisor de policía y detective • Gerente de recursos humanos • Gerente de asociación y asesor • Director de programa • Gerente de proyecto • Gerente de ventas minoristas • Gerente de bienes raíces.

FINANZAS • Asesor financiero personal • Analista económico • Agente hipotecario • Investigador de crédito • Agente de bolsa • Banquero de inversiones • Abogado de finanzas corporativas • Banquero internacional • Economista • Tesorero, director financiero • Capitalista de riesgo.

CONSULTORÍA / FORMACIÓN • Consultor de negocios • Consultor de gestión • Consultor educativo • Diseñador de programas • Entrenador de gestión • Especialista en desarrollo de empleo • Gerente de relaciones laborales • Consultor de seguridad cibernética • Entrenador corporativo / de equipo • Entrenador técnico • Asistente legislativo • Consultor político

PROFESIONAL • Abogado • Juez • Psicólogo • Profesor universitario: ciencias / ciencias sociales • Ingeniero químico • Abogado de propiedad intelectual • Ingeniero biomédico • Psiquiatra • Cirujano • Científico médico • Ingeniero ambiental • Abogado (especialidad: donaciones sin fines de lucro) • Abogado (especialidad: patrimonio planificación) • Politólogo • Patólogo • Piloto.

Descubre los tres pilares para triunfar

TECNOLOGÍA • Programador informático: software y aplicaciones • Desarrollador de aplicaciones móviles • Administrador de redes y sistemas informáticos • Especialista en redes • Ingeniero de software y desarrollo web • Arquitecto de información y diseño • Administrador de sistemas informáticos y de información • Administrador de redes de robótica • Tecnólogo en inteligencia artificial • Construcción y desarrollo ingeniero • Administrador de base de datos • Gerente de proyecto • Gerente de compromiso.

ENTP - INNOVADOR

EMPRENDIMIENTO / NEGOCIOS • Emprendedor • Inventor • Consultor de gestión • Agente literario • Fotógrafo • Periodista • Propietario: restaurante / bar • Actor • Entrenador técnico • Gerente de diversidad / entrenador • Consultor de gestión: compensación / beneficios / análisis de trabajo • Presidente de la universidad • Administrador de la propiedad: comercial / residencial • Abogado: litigante • Agente de ventas: valores y productos básicos • Agente y gerente comercial • Planificador urbano y regional • Reclutador de recursos humanos • Defensor del pueblo • Analista de seguridad • Representante de servicio del fabricante • Gerente general del hotel • Especialista en relaciones laborales.

MARKETING / CREATIVO • Director creativo publicitario • Analista de investigación de mercado • Especialista en relaciones públicas • Gerente de redes sociales •

Javier Orlando Ballén Chávez

Investigador / planificador de marketing • Gerente de marketing • Comercializador deportivo • Presentador de radio / TV • Productor • Director de arte (revista) • Comercializador internacional • Informativo diseñador gráfico • Desarrollo de nuevos negocios: servicios de información • Director creativo en equipo multimedia • Diseñador de impresión • Diseñador de interacción • Comercializador de Internet • Blogger • Creador de contenido del sitio web • Escritor creativo • Redactor publicitario • Director: escenario, películas • Columnista, crítico, comentarista • Reportero, corresponsal • Analista de noticias de difusión

PLANIFICACIÓN Y DESARROLLO • Planificador estratégico • Director de desarrollo comercial • Desarrollador de sistemas de personal • Agente inmobiliario / desarrollador • Desarrollador de proyectos especiales • Agente de inversiones • Analista informático • Gerente de diseño industrial • Consultor de logística (fabricación) • Especialista en redes • Asesor financiero personal • Banquero de inversiones • Planificador urbano

POLÍTICA • Político • Gerente político • Analista político • Científico social VARIOS • Quiropráctico • Científico ambiental • Psicólogo educativo • Entrenador atlético y explorador • Criminalista y experto en balística • Detective.

Descubre los tres pilares para triunfar

INFJ - ABOGADO

CONSEJERÍA / EDUCACIÓN • Consejero de carrera • Psicólogo clínico • Profesor de secundaria: inglés / arte / música / ciencias sociales / drama • Profesor universitario: inglés / arte / música / ciencias sociales / drama • Consultor educativo • Diseñador de planes de estudio • Bibliotecario • Profesor de educación especial • Profesor de educación bilingüe • Profesor de educación infantil • Educador en línea • Consejero de asistencia para empleados • Especialista en cuidado de ancianos • Terapeuta matrimonial y familiar • Consejero de bienestar infantil • Consejero de abuso de sustancias • Trabajador social (problemas de cuidado de niños y ancianos) • Sociólogo • Investigador del museo • Educador de salud pública • Terapeuta ocupacional • Director del programa educativo • Instructor de crianza, curso de desarrollo infantil • Educador del museo • Psicólogo del desarrollo

RELIGIÓN • Sacerdote / clero / monje / monja • Trabajador religioso • director de educación religiosa.

CREATIVO • Artista • Dramaturgo • Novelista • Poeta • Diseñador de interiores • Diseñador de gráficos informativos • Arquitecto de diseño universal • Planificador de medios independiente • Editor / director de arte (revista) • Genealogista (investigador del árbol genealógico) • Diseñador de impresión • Diseñador de interacción • Productor multimedia • Editor / director de arte (sitio web) • Editor de películas • Realizador de documentales •

Escenografía • Desarrollador de software educativo • Diseñador de exposiciones • Diseñador de vestuario • Diseñador de mercancías y exhibidor

ATENCIÓN MÉDICA / SERVICIOS SOCIALES • Director, agencia de servicios sociales • Mediador / solucionador de conflictos • Científico social • Trabajador social • Consejero de salud mental • Dietista / nutricionista • Patólogo del habla / lenguaje / audiólogo • Practicante de salud holística (medicina alternativa) • Terapeuta de masaje • Ocupacional terapeuta • Quiropráctico • Coordinador de subvenciones • Administrador de atención médica • Director de recaudación de fondos • Mediador legal • Coordinador de cuidado diurno para adultos • Terapeuta correctivo • Operador de línea directa de crisis • Asistente legislativo

NEGOCIOS • Gerente de recursos humanos • Comercializador (de ideas y / o servicios) • Consultor de desarrollo organizacional • Coordinador / consejero del programa de asistencia al empleado • Analista de trabajo • Gerente de diversidad: recursos humanos • Entrenador corporativo / equipo • Representante de ventas de clientes especiales • Planificador de mercadería • Medio ambiente abogado • Intérprete / traductor • Funcionario de donaciones planificadas • Consultor filantrópico • Curador • Agente literario o editor • Editor en línea (libros electrónicos) • Consultor externo

TECNOLOGÍA • Gerente de relaciones con el cliente • Defensor del personal (consultor tecnológico) • Gerente de

Descubre los tres pilares para triunfar

proyecto • Gerente de compromiso • Reclutador de recursos humanos.

INFP - MEDIADOR

CREATIVO / ARTES • Artista • Escritor: poeta / novelista • Periodista • Diseñador gráfico • Arquitecto • Actor • Editor • Músico • Diseñador de gráficos informativos • Editor / director de arte (revista) • Productor multimedia • Diseñador de videojuegos • Editor / director de arte (sitio web) • Compositor • Editor de películas • Escenografía • Diseñador de interiores • Diseñador de impresión • Diseñador de interacción.

EDUCACIÓN / ASESORÍA • Profesor universitario: humanidades / artes • Investigador • Psicólogo clínico • Consejero de salud mental • Terapeuta matrimonial y familiar • Trabajador social • Bibliotecario • Consultor educativo • Profesor de educación especial • Profesor de educación bilingüe • Profesor de educación infantil• Educador en línea • Empleado consejero de asistencia • consejero de bienestar infantil • consejero de abuso de sustancias • trabajador social (problemas de cuidado de niños mayores y niños) • intérprete / traductor • mediador legal • oficial de donaciones planificadas • consultor filantrópico • consejero / entrenador de carrera • coordinador de subvenciones • genealogista • educador de salud pública

RELIGIÓN • ministro / sacerdote • Educador religioso • Misionero • Obrero de la iglesia • consejero pastoral
ATENCIÓN MÉDICA • Dietista / nutricionista • Fisioterapeuta • Trabajador social de salud en el hogar • Terapeuta ocupacional • Patólogo del habla / lenguaje / audiólogo • Terapeuta de masaje • Practicante de salud holística (medicina alternativa) • Genetista • Eticista

DESARROLLO ORGANIZACIONAL • Especialista en desarrollo de empleo • Entrenador de desarrollo de recursos humanos • Científico social • Gerente de diversidad: recursos humanos • Consultor: formación de equipos / resolución de conflictos • Psicólogo industrial-organizacional • Consultor de prácticas • Especialista en relaciones laborales • Entrenador corporativo / equipo

TECNOLOGÍA • Gerente de relaciones con el cliente • Defensor del personal (consultor tecnológico) • Gerente de proyecto • Gerente de compromiso • Reclutador de recursos humanos • Desarrollador de software educativo.

ENFJ - PROTAGONISTA

COMUNICACIONES • Ejecutivo de cuentas publicitarias • Especialista en relaciones públicas • Gerente de redes sociales • Director de comunicación • Escritor / periodista • Artista / artista • Recaudador de fondos • Reclutador • Director creativo • Productor de televisión • Presentador de noticias • Político • Ejecutivo de marketing: radio / TV / transmisión por cable industrial • Diseñador de gráficos informativos • Editor de revista • Artista gráfico • Editor de

Descubre los tres pilares para triunfar

contenido del sitio web • Productor multimedia • Redactor • Reportero y corresponsal • Intérprete / traductor • Editor administrativo

CONSEJERÍA • Psicólogo • Facilitador • Orientador de carrera • Coach de vida • Terapeuta matrimonial y familiar • consejero de salud mental • Clero / ministerio • consejero de reubicación corporativa • Consejero de abuso de sustancias • Consejero de asistencia al empleado • Consejero de rehabilitación vocacional • Psicólogo educativo • Consejero de orientación.

EDUCACIÓN / SERVICIO HUMANO • Profesor: salud / arte / drama / inglés • Profesor universitario: humanidades • Decano de estudiantes • Bibliotecario • Trabajador social • Director de organización sin fines de lucro • Profesor de educación especial • Profesor de educación infantil • Profesor de educación bilingüe • Educador en línea • Bienestar infantil • Especialista en cuidado de ancianos • Director del centro de atención asistida.

ATENCIÓN MÉDICA • Practicante de salud integral (medicina alternativa) • Dietista / nutricionista • Patólogo del habla y lenguaje / audiólogo • Terapeuta ocupacional • Quiropráctico • Terapeuta correctivo.

NEGOCIOS / CONSULTORÍA • Entrenador de desarrollo de recursos humanos • Representante de servicio al cliente • Especialista en empleo • Entrenador de ventas • Reclutador de personal • Consultor de viajes • Ejecutivo: pequeña empresa • Diseñador de programas • Gerente de ventas •

Consultor de gestión: diversidad / formación de equipos • Entrenador corporativo / equipo • Consultor de recolocación • Especialista en ecoturismo • Gerente de relaciones laborales • Planificador de reuniones, convenciones y eventos • Psicólogo industrial-organizativo • Ejecutivo de cuentas publicitarias • Gerente de marketing • Diseñador de escenarios • Gerente de hoteles y restaurantes • Director de talentos • Diseñador de impresión • Diseñador de interacción.

TECNOLOGÍA • Gerente de relaciones con el cliente • Defensor del personal (consultor tecnológico) • Gerente de proyecto • Gerente de compromiso • Reclutador de recursos humanos.

ENFP – ACTIVISTA

CREATIVO • Periodista • Guionista / dramaturgo • Columnista • Blogger • Actor de personajes • Músico / compositor • Presentador de noticias • Decorador de interiores • Artista • Reportero / editor (revista) • Diseñador de gráficos informativos • Diseñador de impresión • Diseñador de interacción • Editor / director de arte (sitio web) • Director creativo en un equipo multimedia • Desarrollador de software educativo • Productor multimedia • Director de teatro regional / comunitario • Realizador de documentales • Diseñador de vestuario • Productor de televisión • Productor de radio / podcast • Analista de noticias de radiodifusión • Dibujante / animador • Diseñador de exhibición.

Descubre los tres pilares para triunfar

MARKETING / PLANNING • Analista de investigación de mercado • Especialista en relaciones públicas • Consultor de marketing • Ejecutivo de cuentas publicitarias • Redactor publicitario / publicista • Director creativo publicitario • Planificador estratégico • Gerente de redes sociales • Publicista • Asistente de investigación • Editor / director de arte (revista) EDUCACIÓN / ASESORÍA • Maestro de educación especial • Maestro de educación bilingüe • Maestro de educación infantil • Maestro: arte / drama / música / inglés • Consejero de bienestar infantil • Consejero de abuso de sustancias • Trabajador social (problemas de cuidado diurno y de ancianos) • Terapeuta matrimonial y familiar • Consejero de salud mental • Director de desarrollo • Director de vivienda residencial • Defensor del pueblo • Consejero de rehabilitación • Científico social • Psicólogo educativo • Funcionario de planificación • Consultor filantrópico • Psicólogo social • Psicólogo asesor • Antropólogo • Instructor de padres, desarrollo infantil curso • consejero de la escuela secundaria.

ATENCIÓN MÉDICA / SERVICIO SOCIAL • Dietista / nutricionista • Patólogo del habla y lenguaje / audiólogo • Practicante de salud holística (medicina alternativa) • Terapeuta de masaje • Consejero del programa de asistencia para empleados • Terapeuta físico • Mediador legal • Quiropráctico • Planificador regional urbano • Educador de salud pública Terapeuta Ocupacional.

EMPRENDIMIENTO / NEGOCIOS • Consultor • Inventor • Ventas: intangibles / ideas • Gerente de recursos humanos

• Entrenador de desarrollo de recursos humanos • Planificador de reuniones, conferencias y eventos • Especialista en desarrollo de empleo • Restaurador • Consultor de gestión: gestión del cambio / trabajo en equipo / diversidad • Planificador de mercancías • Gerente de diversidad: recursos humanos • Entrenador corporativo / de equipo • Gerente de cuentas publicitarias o ejecutivo de cuentas • Especialista en relaciones públicas • Ejecutivo de marketing: industria de transmisión de radio / TV / cable • Consultor externo • Abogado ambiental • Reclutador de personal • Especialista en relaciones laborales

TECNOLOGÍA • Gerente de relaciones con el cliente • Defensor del personal (consultor tecnológico) • Gerente de proyecto • Gerente de compromiso • Reclutador de recursos humanos.

ISTJ – LOGISTA

NEGOCIOS • Auditor • Gerente de oficina • Contador • Gerente / supervisor • Asistente ejecutivo • Experto en eficiencia / analista • Asegurador de seguros • Contador • Gerente de logística y suministros • Oficial de cumplimiento normativo • Oficial de información en jefe • Gerente de propiedades: comercial / residencial • Bill y coleccionista de cuentas • Inspector de construcción y construcción • Inspector de gobierno • Gerente de construcción • Agente de compras y especialista en contratos • Examinador de reclamos de seguros • Estadístico • Empleado de información y registros • Empleado de facturación y

Descubre los tres pilares para triunfar

publicación • Escritor técnico • Gerente de asociación y asesor • Gerente de proyecto • Tasador de bienes raíces.

VENTAS / SERVICIO • Oficial de policía / detective • Empleado del gobierno • Oficial militar • Agente de bienes raíces • Venta de artículos deportivos / mercancía • Oficial de correcciones • Ingeniero de seguridad y salud industrial • Especialista en prevención y protección contra incendios • Capitán de barco • Avión comercial piloto • Oficial de libertad condicional • Gerente de paisajismo • Ingeniero de vuelo • Jefe de correos y superintendente • Inspector de cumplimiento ambiental • Inspector de inmigración y aduanas • Redactor de arquitectura • Granjero orgánico • Fabricante de instrumentos musicales • Navegador de vuelo.

FINANZAS • Examinador bancario • Oficial de valores de inversión • Preparador y examinador de impuestos • Corredor de bolsa • Planificador de patrimonio • Analista de crédito • Analista de presupuesto • Estimador de costos • Tesorero, contralor y director financiero.

EDUCACIÓN • Director de la escuela • Profesor: técnico / industrial / matemático / educación física • Bibliotecario • Administrador.

LEGAL / TECNOLOGÍA • Investigador de leyes • Electricista • Ingeniero • Paralegal (ayudante de abogado) • Mecánico • Programador de computadoras • Ingeniero de software y desarrollo web • Ingeniero de construcción y desarrollo •

Escritor técnico • Secretario legal • Vendedor / investigador farmacéutico • Tecnólogo / técnico de EEG • Geólogo • Meteorólogo • Aerolínea mecánico • ingeniero mecánico / industrial / eléctrico • científico agrícola • ingeniero de confiabilidad • administrador de bases de datos • analista de sistemas de red y comunicaciones de datos • editor web • ingeniero de hardware • probador de hardware / software • juez / magistrado • criminalista y experto en balística • secretario judicial

ATENCIÓN MÉDICA • Veterinario • Cirujano general • Dentista • Administrador de enfermería • Administrador de atención médica • Farmacéutico • Tecnólogo de laboratorio • Investigador médico • Médico de atención primaria • Tecnólogo biomédico • Fisiólogo del ejercicio • Tecnólogo / técnico veterinario • Higienista dental • Farmacéutico / técnico de farmacia • Tecnólogo quirúrgico • Diagnóstico médico ecografista • Ortodontista • Médico forense • Optometrista • Oficial de salud pública • Técnico en muestras de biología • Técnico en ciencias ambientales • Técnico en registros médicos.

ATENCIÓN MÉDICA • Enfermera registrada • Higienista dental • Médico de familia • Tecnólogo médico • Fisioterapeuta • Representante de ventas de equipos médicos • Administrador de atención médica • Dietista / nutricionista • Patólogo del habla / lenguaje / audiólogo • Óptico • Técnico de registros médicos • Farmacéutico • Radiológico técnico • Terapeuta respiratorio • Veterinario • Tecnólogo / técnico veterinario • Enfermera práctica con

Descubre los tres pilares para triunfar

licencia (LPN) • Médico de atención primaria • Asistente de salud en el hogar • Asistente médico / dental • Vendedor de productos farmacéuticos • Investigador médico • Biólogo • Botánico • Dentista • Ortodontista • Ocupacional terapeuta • Bioquímico • Terapeuta de masaje • Tecnólogo y técnico quirúrgico • Técnico de laboratorio dental • Terapeuta correctivo • Técnico de diálisis.

SERVICIO SOCIAL / EDUCACIÓN • Maestra de preescolar • Bibliotecario / archivero • Trabajador social • Consejero personal • Oficial de libertad condicional • Trabajador social de salud en el hogar • Consejero de bienestar infantil • Consejero de abuso de sustancias • Trabajador social (problemas de cuidado diurno de ancianos y niños) • Asistente de cuidado personal • Maestro de escuela elemental • Profesor de educación especial • Genealogista • Curador • Administrador educativo • Consejero de orientación • Educador religioso • Trabajador social • Especialista en cuidado de ancianos • Consejero de rehabilitación vocacional • Historiador • Entrenador atlético •Cultivo especializado en horticultura • Especialista en identificación y registros policiales.

NEGOCIOS / SERVICIOS • Asistente administrativo • Supervisor administrativo • Representante de servicio al cliente • Administrador de personal • Contador • Asesor de crédito • Paralegal • Vendedor de atención médica domiciliaria • Gerente de servicio de césped • Agente de soporte técnico • Propietario de la franquicia (minorista) • Investigador del museo • Director de funerales •

Coordinador de subvención • Representante de ventas de cliente especial • Propietario de alojamiento y desayuno • Examinador de títulos.

CREATIVO / TÉCNICO • Decorador de interiores • Electricista • Propietario minorista • Artista • Músico • Planificador de mercadería • Agente / corredor de bienes raíces • Joyero.

ESTJ – EJECUTIVO

VENTAS / SERVICIO • Agente de ventas de seguros • Vendedor computadoras • Chef • Oficial militar • Profesor: comercial / industrial / técnico • Empleado del gobierno • Representante de ventas mayorista • Guardia de seguridad • Venta de artículos deportivos / equipo • Vendedor farmacéutico • Especialista en seguridad cibernética • Oficial de policía / libertad condicional / correccionales • Director de funerales • Especialista en seguridad y salud ocupacional • Capitán de barcos y embarcaciones • Oficial de cumplimiento normativo • Agente de compras • Inspector de aviación • Entrenador personal • Entrenador atlético • Agente de ventas: valores y materias primas • Analista de crédito • Estimador de costos • Analista de presupuesto • Supervisor de policía y detective • Piloto de avión comercial • Coordinador de transporte • Ingeniero de vuelo • Inspector de construcción • Tasador de bienes raíces • Paralegal • Asistente legislativo • Ajustador de seguros • Gerente de hotel y motel • Inspector de cumplimiento ambiental

Descubre los tres pilares para triunfar

TECNOLOGÍA / FÍSICO • Ingeniero: campos mecánicos / aplicados • Auditor • Contratista general • Trabajador de la construcción • Farmacéutico • Técnico clínico • Auditor interno de contabilidad • Entrenador técnico • Técnico de EEG • Ecografista médico de diagnóstico • Paralegal • Administrador de redes y sistemas informáticos • Agricultor orgánico • Administrador de base de datos.

GESTIÓN • Gerente de proyecto • Gerente oficial • Administrador • Supervisor de fábrica • Gerente de base de datos • Agente de compras • Oficial de cumplimiento normativo • Analista de presupuesto • Administrador de servicios de salud • Director de información • Consultor de gestión: operaciones comerciales • Gerente de logística y suministros • Gerente de banco • Asesor / analista de crédito • Administrador de propiedades: comercial / residencial • Cobrador de cuentas • Propietario de servicios de alimentos y alojamiento • Administrador de redes y sistemas informáticos • Director de enfermería • Gerente de construcción • Gerente y asesor de la asociación • Tesorero, contralor y director financiero • Ejecutivo del sector privado

PROFESIONAL • Dentista • Médico: medicina general • Corredor de bolsa • Juez • Ejecutivo • Maestro: técnico / comercial • Ingeniero civil / mecánico / metalúrgico • Abogado de finanzas corporativas • Ingeniero eléctrico • Médico de atención primaria • Científico / técnico de alimentos y drogas • Ingeniero industrial • Paralegal

Farmacéutico • Abogado • Director de la escuela • Director de información.

ESFJ - CÓNSUL

ATENCIÓN MÉDICA • Enfermera registrada • Asistente médico / dental • Patólogo del habla / lenguaje / audiólogo • Fisiólogo del ejercicio • Médico de familia • Dentista • Secretaria médica • Dietista / nutricionista • Terapeuta de masaje • Optometrista / óptico • Farmacéutico / técnico de farmacia • Terapeuta respiratorio • Veterinario • Tecnólogo / técnico veterinario • Enfermera práctica con licencia (LPN) • Ayudante de salud en el hogar • Médico de atención primaria • Terapeuta físico • Trabajador social de salud en el hogar • Entrenador físico personal • Trabajador de hospicio • Terapeuta recreativo • Terapeuta de radiación • Administrador de atención médica • Quiropráctico • Terapeuta correctivo • Higienista dental • Técnico de diálisis • Instructor de acondicionamiento físico

EDUCACIÓN • Maestro de escuela primaria • Maestro de educación especial • Proveedor de cuidado infantil • Entrenador atlético • Maestro de educación bilingüe • Instructor de enfermería • Director de educación religiosa • Director de escuela.

SERVICIO SOCIAL / ASESORAMIENTO • Trabajador social • Trabajador de bienestar comunitario • Coordinador voluntario • Educador religioso • Consejero • Ministro / sacerdote / rabino • Consejero de asistencia para

Descubre los tres pilares para triunfar

empleados • Consejero de bienestar infantil • Consejero de abuso de sustancias • Trabajador social (asuntos de cuidado de niños y ancianos) • Asistente legal • Asistente legislativo • Asistente judicial • Reportero de la corte • Asistente legal y paralegal

NEGOCIOS • Ejecutivo de cuentas de relaciones públicas • Oficial de préstamos y consejero • Representante de ventas • Facilitador de investigación de mercado / grupo focal • Gerente de oficina • Propietario / operador minorista • Consultor de gestión: recursos humanos / capacitación • Agente de seguros (familias) • Consejero de crédito • Planificador de mercadería • Gerente de servicio al cliente • Administrador del club de salud • Propietario del alojamiento / posadero • Administrador de la propiedad: comercial / residencial • Director del centro de cuidado infantil • Gerente de relaciones con el cliente (tecnología) • Gerente de servicio de alimentos • Gerente de vivero e invernadero • Gerente de hotel y motel • Tasador bienes raíces.

VENTAS / SERVICIO • Agente de ventas de seguros • Representante de seguros y beneficios • Asistente de vuelo • Representante de servicio al cliente • Director de funeraria • Peluquero / cosmetólogo • Anfitrión / anfitriona • Asistente de cuidado personal • Servicio de catering • Recaudación de fondos • Consultor de viajes • Especialista en ecoturismo • Agente / corredor de bienes raíces • Ejecutivo de marketing: radio / TV / industria de la transmisión por cable • Intérprete / traductor •

Genealogista • Ventas de atención médica domiciliaria • Ventas médicas y dentales • Vendedor de equipos / artículos deportivos • Agente especial de seguros • Especialista en arrendamiento y desarrollo de terrenos • Servicio de catering

CLERICO • Secretario • Recepcionista • Contador • Asistente administrativo.

ISTP - VIRTUOSO

VENTAS / SERVICIO / "ACCIÓN" • Policía / oficial de correcciones • Conductor de autos de carrera • Piloto • Especialista en armamento • Agente de inteligencia • Mariscal • Bombero • Vendedor de artículos deportivos • Vendedor farmacéutico • Investigador / detective privado • Investigador de personas desaparecidas • Entrenador atlético de secundaria y universidad • Fotógrafo • Criminalista y experto en balística.

TECNOLOGÍA • Ingeniero eléctrico / mecánico • Ingeniero civil • Instructor técnico (configuración individual) • Desarrollador de servicios de información • Desarrollador de software: aplicaciones, sistemas • Ingeniero de sistemas de energía alternativa • Gerente de logística y suministros (fabricación) • Especialista en redes • Programador de computadoras • Biólogo marino • Técnico de garantía de calidad • Ingeniero de confiabilidad • Operador / instalador de soporte de sistemas • Analista de sistemas de red y comunicaciones de datos • Instalador / solucionador de problemas de red doméstica • Probador de productos •

Descubre los tres pilares para triunfar

Ingeniero de software • Geólogo • Ingeniero de seguridad de productos.

ATENCIÓN MÉDICA • Tecnólogo / técnico de EEG • Técnico radiológico • Técnico médico de emergencias (EMT) • Fisiólogo del ejercicio • Asistente dental / higienista • Técnico quirúrgico • Médico de la sala de emergencias • Coordinador de evacuación médica • Coordinador de transporte.

NEGOCIOS / FINANZAS • Analista de valores • Agente de compras • Banquero • Economista • Secretario legal • Consultor de gestión (operaciones comerciales) • Paralegal • Estimador de costos • Ajustador / examinador de seguros

NEGOCIOS / "EN PERSONA" • Reparador de computadoras • Mecánico de líneas aéreas • Ingeniero de robótica y fabricación • Conductor y asistente de ambulancia • Entrenador • Carpintero • Reparador de bicicletas • Mecánico, instalador, reparador: equipos eléctricos y electrónicos • Mecánico, instalador, reparador: seguridad y sistemas de alarma contra incendios • Minorista de productos automotrices • Artista comercial • Gerente de servicios de césped • Arquitecto paisajista • Forestal • Guardabosques • Especialista audiovisual • Operador de cámara de televisión • Tasador de seguros • Investigador criminal • Capitán de barco • Piloto de avión comercial • Instructor de vuelo • Ingeniero de vuelo • Piloto de helicóptero comercial • Ingeniero de locomotora • Oficial militar • Granjero orgánico • Controlador de tráfico aéreo •

Especialista en estudio, escenario y efectos especiales • Albañil • Trabajador de la construcción • Conductor de camiones pesados y tractocamiones • Platero • Taxidermista • Armero • Ebanista • Fabricante de instrumentos musicales • Dibujante • Maqueta y fabricante de moldes.

ISFP - AVENTURERO

ARTESANÍA / ARTESANO • Diseñador de moda • Carpintero • Joyero • Diseñador de sonido • Músico • Ingeniero de grabación • Jardinero • Alfarero • Pintor • Bailarín • Diseñador: interior / paisaje • Chef • Artista • Dibujante / animador • Dibujante • Sastre • Fabricante de instrumentos musicales.

ATENCIÓN MÉDICA • Enfermera visitante • Fisioterapeuta • Terapeuta de masaje • Tecnólogo de radiología • Asistente médico • Asistente dental / higienista • Asistente veterinario • Asistente de salud en el hogar • Médico de atención primaria • Dietista / nutricionista • Óptico / optometrista • Fisiólogo del ejercicio • Terapeuta ocupacional • Terapeuta de arte • Terapeuta respiratorio • Enfermera práctica con licencia (LPN) • Tecnólogo quirúrgico • Entrenador físico personal • Cirujano • Veterinario • Patólogo del habla / lenguaje / audiólogo • Farmacéutico • Médico de urgencias • Pediatra • Tecnólogo en cardiología • Audiometrista • Investigador farmacéutico

Descubre los tres pilares para triunfar

• Asistente médico • Director / trabajador de hospicio • Consejero de abuso de sustancias • Terapeuta recreativo
CIENCIA / TÉCNICA • Silvicultor • Botánico • Geólogo • Mecánico • Biólogo marino • Zoólogo • Operador de cámara de televisión • Conservador de suelos • Arqueólogo • Analista de sistemas • Inspector de aviación • Reparador de electrodomésticos.

VENTAS / SERVICIO • Maestro de escuela primaria: ciencia / arte • Policía / oficial de correcciones • Operador de línea directa de crisis • Almacenista • Esteticista • Vendedor de viajes • Representante de ventas de clientes principales • Planificador de mercancías • Vendedor de equipos deportivos • Vendedor de atención médica en el hogar • Trabajador social de salud en el hogar • Consejero de bienestar infantil • Trabajador social (problemas de cuidado de niños mayores y niños) • Asistente de cuidado personal • Preparador / entrenador de animales • Profesor de preescolar • Profesor: discapacitados emocionales • Profesor: discapacitado físico • Ayudante de maestro, para profesional • Arquitecto paisajista • Trabajador de cuidado infantil • Especialista en cuidados a ancianos • Terapeuta de arte • Guardián de peces y juegos • Diseñador / reparador de bicicletas • Investigador de fraudes de seguros • Intérprete / traductor • Ingeniero de locomotoras • Controlador de tráfico aéreo • Piloto de avión y helicóptero comercial • Entrenador atlético de secundaria y universidad • Genealogista • Trabajador de recreación • Productor especializado en horticultura • Florista • Agricultor orgánico • Bombero.

NEGOCIOS • Contador • Secretario legal • Supervisor administrativo • Administrador • Paralegal • Tasador de seguros • Examinador de seguros: propiedad y daños.

ESTP - EMPRENDEDOR

VENTAS / SERVICIO / "ACCIÓN" • Oficial de policía • Bombero • Paramédico • Detective • Investigador • Oficial de correcciones • Agente de bienes raíces • Técnico médico de emergencia (EMT) • Fisiólogo del ejercicio / practicante de medicina deportiva • Terapeuta respiratorio • Asistente de vuelo • Conductor de ambulancia • Vendedor de artículos deportivos • Investigador de fraude de seguros • Investigador / detective privado • Entrenador personal • Instructor de vuelo • Ingeniero de vuelo • Piloto de helicóptero comercial • Capitán de barco • Oficial militar • Especialista en inteligencia • Oficial de libertad condicional • Gerente de instalaciones de juego • Experto en control de plagas • Criminólogo y experto en balística • Ajustador / examinador de seguros.

FINANZAS • Asesor financiero personal • Auditor • Corredor de bolsa • Banquero • Inversor • Vendedor de seguros • Analista de presupuesto • Agente / corredor de seguros (ventas)

ENTRETENIMIENTO / DEPORTES • Presentador deportivo • Reportero de noticias • Promotor • Guía turístico y agente • Bailarín • Cantinero • Subastador • Atleta / entrenador / árbitro profesional • Instructor / entrenador físico • Agente

Descubre los tres pilares para triunfar

de entretenimiento • Presentador de radio y televisión • Operador de cámara de televisión • Músico • Técnico de estudio, escenario y efectos especiales • Actor e intérprete.

COMERCIOS / "MANOS PRÁCTICAS" • Carpintero • Artesano • Agricultor orgánico • Contratista general • Trabajador de la construcción • Albañil • Ingeniero de robótica y fabricación • Ingeniero de construcción y desarrollo • Mecánico de vehículos y equipos móviles • Mecánico, instalador, reparador: equipos eléctricos y electrónicos • Equipo de ensamblaje • Chef / cocinero • Ingeniero eléctrico • Entrenador técnico (entorno de aula) • Gerente de logística y suministros (fabricación) • Especialista en integración de redes • Ingeniero civil (reparaciones de infraestructura de transporte) • Biomédica técnico de ingeniería • Ingeniero industrial / mecánico • Tecnólogo / técnico de EEG • Técnico radiológico • Mecánico de aeronaves • Biólogo marino • Reparador de equipos de procesamiento de datos • Administrador de propiedades: comercial / residencial • Operador e instalador de soporte de sistemas • Desarrollador de videojuegos • Administrador de servicios de césped • Naturalista del parque • Especialista en audiovisuales • Arquitecto paisajista • Silvicultor • Fisiólogo del ejercicio • Quiropráctico • Profesor: comercial / industrial / técnico • Inspector de aviación • Conservador de suelos • Fotógrafo profesional • Controlador de tránsito aéreo • Asistente de vuelo • Asesor de viajes • Inspector de construcción • Herrero • Especialista en ecoturismo • Carpintero.

NEGOCIOS • Agente inmobiliario • Empresario • Desarrollador de terrenos • Mayorista • Vendedor minorista • Vendedor de automóviles • Consultor de gestión (operaciones comerciales) • Propietario de la franquicia • Comercializador de Internet • Examinador de reclamos de seguros (propiedad y daños) • Ingeniero de seguridad del producto.

ESFP – ANIMADOR

EDUCACIÓN / SERVICIO SOCIAL • Maestro de educación de la primera infancia • Maestro de escuela primaria • Maestro: arte / drama / música • Maestro: discapacitados físicos o visuales • Entrenador atlético • Trabajador social de salud en el hogar • Especialista en cuidado de ancianos • Asistente de cuidado personal • Consejero de bienestar infantil • desarrollador de software educativo • Maestro de educación especial.

ATENCIÓN MÉDICA • Enfermera de la sala de emergencias • Trabajador social • Entrenador de perros / peluquero • Asistente médico • Asistente dental / higienista • Enfermera práctica con licencia (LPN) • Terapeuta físico • Médico de atención primaria • Asistente de salud en el hogar • Terapeuta de masaje • Dietista / nutricionista • Óptico / optometrista • Técnico médico de emergencias (EMT) • Fisiólogo del ejercicio • Técnico de farmacia • Técnico radiológico • Terapeuta respiratorio • Veterinario • Tecnólogo / técnico veterinario • Ecografista médico de diagnóstico • Terapeuta ocupacional • Entrenador físico

Descubre los tres pilares para triunfar

personal • Trabajador de atención domiciliaria para ancianos • Trabajador de hospicio • Emergencia médico de sala • Podólogo • Patólogo del habla y lenguaje / audiólogo • Pediatra • Consejero de rehabilitación vocacional • Terapeuta de arte • Quiropráctico • Enfermera registrada • Instructor de enfermería • Tecnólogo en cardiología.

ENTRETENIMIENTO / "ACCIÓN" • Asesor de viajes / operador turístico • Fotógrafo • Productor de cine • Músico • Bailarín • Comediante • Promotor • Coordinador de eventos especiales • Pintor / ilustrador / escultor • Especialista en vestuario • Presentador de noticias • Actor de personajes • Parque naturalista / guardabosques • Entrenador de mamíferos marinos • Instructor de vuelo • Piloto de helicóptero comercial • Agente de entretenimiento y deportes • Silvicultor • Operador de cámara de televisión • Dibujante / animador • Investigador de fraude de seguros • Investigador de incendios • Oficial de policía • Locutor de radio / televisión • Dibujante.

NEGOCIOS / VENTAS • Comercializador / planificador minorista • Especialista en relaciones públicas • Recaudador de fondos • Mediador de relaciones laborales • Recepcionista • Planificador de mercancías • Gerente de diversidad: recursos humanos • Entrenador de equipos • Vendedor / corredor de viajes • Agente / corredor de seguros: salud o vida • Cliente representante de servicio • Representante de seguros y beneficios • Agente de bienes raíces • Vendedor de equipos deportivos • Gerente minorista • Vendedor de atención médica a domicilio • Representante de servicio del fabricante.

Javier Orlando Ballén Chávez

SERVICIO • Asistente de vuelo • Asistente administrativo • Recepcionista • Camarero • Anfitrión • Diseñador floral • Oficial de policía / correccionales (especialidad: entrenamiento correctivo, rehabilitación, asesoramiento) • Arquitecto paisajista • Chef / jefe de cocina • Diseñador de interiores • Terapeuta recreativo • Instructor de ejercicios • Paisajista y gerente de terrenos • Constructor de exposiciones.

CIENCIA • Científico ambiental • Conservacionista social • Zoólogo • Biólogo marino • Geólogo.

Descubre los tres pilares para triunfar

CAPITULO 04: TEST-DE-TALENTO-GALLUP Y PASIONES E INTERÉS.

1) Leer bien las definiciones de cada uno de los talentos y buscar en uno mismo, en el carácter o en la responsabilidad, como se aplica y si realmente se aplica. En cuanto a la puntuación de la columna de la derecha de 1 a 5 qué grado de presencia tiene ese talento. (1 poco, 5 es muy desarrollado.

2) Una vez hecho el análisis, hay que identificar todos aquellos talentos con puntuación de 4 o 5 puntos.

3) El siguiente paso es pedirle a los otros que le conoce que le evalúen de la misma forma, de forma anónima, pueden pasarle la lista y decirle que grado de desarrollo creen ellos que posee usted.

TALENTO	PUNTUACIÓN DE 1 A 5
1 EL CURRANTE, EL REALIZADOR: Caracteriza a las personas que tienen necesidad de hacer algo siempre, son hiperactivos en el buen sentido del término.	
2 ACTIVADOR- EL INICIADOR: Ámbito por excelencia capacidad de lanzar cosas al mercado.	

Descubre los tres pilares para triunfar

3: ADAPTABILIDAD- FLEXIBILIDAD: talento de la persona que vive en el presente y que acoge los sucesos imprevistos con facilidad.	
4 ANALITICO- OBJETIVO: Aborda la vida de manera racional, ama los hechos, quiere tener pruebas de que se avanza como persona lógica y a veces distanciada de sus emociones.	
5. EL ORGANIZADOR- EL DIRECTOR DE ORQUESTA: Saber gestionar varias variables al mismo tiempo. Multitareas.	
6. CONVICCIONES PERSONALES: fuerte conciencia de los valores y las convicciones abordan el mundo a través de estos.	
7. LÍDER: Asumir las situaciones a su cargo. Ordenar, las directivas.	
8. COMUNICACIÓN: Saber pasar el mensaje, hacerlo cautivador. Saber animar, captar la atención, el comunicador.	

9. COMPETICIÓN: Talento de la	
Persona que es consciente del nivel de competencia de los demás. Su intención es ser el mejor. Necesita de los demás para competir.	
10: SENTIRSE PARTE DE ALGO MÁS AMPLIO: Sentirse unido a otros y al universo. Consciente de la globalidad. Respeto por las interacciones. Fe. Alianza.	
11. PASADO: Persona que toma el pasado como referencia y que aborda una situación en función de este. El pasado sirve para comprender el presente.	
12. PRUDENCIA / VIGILANCIA: Pone una especial atención donde pone los pies. Sería prudente, se toma su tiempo y prueba.	
13. DESCUBRIDOR DE POTENCIALES: Persona que ve los potenciales de los demás, y que puede respaldarlos en función de estos.	

Descubre los tres pilares para triunfar

14. DISCIPLINA: Es detallista, Es detallista, es específico. Descompone sus proyectos en etapas y en mini-objetivos.	
15. EMPATÍA: Capacidad para colocarse en el lugar del otro, y de sentir lo que siente.	
16. JUSTICIA/ IGUALDAD: Es muy importante para esta persona conducirse de manera justa, de tomar decisiones justas.	
17. FOCALIZACIÓN: Una vez tomada una decisión, no la abandona. Permanece centrado en el objetivo hasta localizarlo.	
18. FUTURISTA/ VISIONARIO: Visionario. Tiene una visión del futuro tan fuerte como el presente.	
19. ARMONÍA: Genera armonía a su alrededor.	
20. CREATIVO: Juega, maneja con destreza y genera las ideas. Aborda al mundo con nuevos ojos. Creatividad.	

21. INTEGRIDAD: Saber incluir a las personas en un grupo. Sentirse acogido. Generar un sentimiento de pertenencia.	
22. INDIVIDUALIZACIÓN: Tomar las medidas de alguien= Detectar lo que es especial en alguien y manejarlo en función de esta especificidad.	
23. ENTRADA DE INFORMACIÓN: Le gusta ampliar información, coleccionista. Documentalista.	
24. INTELECTUALIDAD: Gusto por la actividad intelectual. Profundizar. Excavar.	
25. APRENDIZAJE: Sed por aprender. Aprender por placer, sin buscar necesariamente desarrollar conocimientos en un ámbito u otro.	
26. OPTIMIZAR: Sabe dónde está el yacimiento. Extraer lo mejor de un sistema o de una situación. Hace aún mejor lo que ya funciona bien.	

Descubre los tres pilares para triunfar

27. REPARAR: Afición por reparar lo que está roto. Hace un diagnóstico y encuentra soluciones para repararlo.	
28. ACTITUD POSITIVA: Persona con un entusiasmo contagioso. El vaso esté medio lleno.	
29. RELACIONAL: Alimentar y mantener una relación, genera un elevado nivel de confianza, fidelizar.	
30. RESPONSABILIDAD: Fuerte sentido de la responsabilidad. Se compromete con lo que dice y lo que hace.	
31. CONFIANZA EN SÍ MISMO: Persona convencida de salir siempre adelante. Seguridad y confianza en sí misma. No se viene abajo por las críticas.	
32. DIFERENCIA / ORIGINALIDAD: Para esta persona es importante distinguirse. Necesita ser oído, mirado, admirado y quiere destacar.	

33. SENTIDO ESTRATÉGICO: Anticipar, elegir los mejores enfoques de partida.	
34. PODER DE CONVICCIÓN: Talento para convencer a los demás, para unirlos a su causa, para convencerlos rápidamente, conquistar, seducir, vender.	

CAPÍTULO 5: CÓMO VALIDAR MI DON NATURAL CON HERRAMIENTAS DE COACHING.

Descubre los tres pilares para triunfar

Quiero/Tengo

```
              Quiero
                |
  No  _____|_____ Tengo
 Tengo          |
                |
             No Quiero
```

EJERCICIO A DESARROLLAR

EJEMPLO:

Quiero: Quiero ser el mejor psicólogo y conferencista del planeta tierra el cual me permite por medio de la comunicación ser el mensajero de un mensaje, con la finalidad de poder entregar a las personas todas las herramientas, ejercicios y técnicas para que logren buscar su propósito de vida y se dediquen hacer lo que les gusta.
No quiero. Ser una imitación de nadie quiero ser una persona que me dedique a cumplir mi verdadera misión.

Tengo una serie de talentos como: la Comunicación, empatía, Líder, descubridor de potencialidades, disciplina, focalización, visionario, Armonía, Creativo, íntegro, intelectual, aprendizaje, Reparador, actitud positiva, Responsabilidad, confianza en mí mismo, poder de convicción. Los cuales me permitirán tener una mejor calidad de vida.

Javier Orlando Ballén Chávez

No tengo. Miedo arriesgarme a conocer cosas nuevas, porque quiero salir adelante dejándolo todo en el escenario.

DESCRIBE UN MENSAJE RESULTADO DEL EJERCICIO

D.A.F.O.

Te limita

Debilidades	Amenazas
Fortalezas	Oportunidades

Interno — Externo

Te potencia

1) ¿Cuáles son tus debilidades?

2) ¿Qué hago mal o peor que los demás?

3) ¿Qué capacidades debo mejorar?

4) ¿Qué aspectos de mi actitud me impiden mejorar?

5) ¿Qué cualidades debo mejorar como persona?

6) ¿Cuáles son tus Amenazas?

7) ¿Qué aspectos externos me dificultan llegar a mi meta personal?

Descubre los tres pilares para triunfar

8) ¿Hay mucha competencia en el campo que quiero ayudar

9) ¿Cuál es mi situación actual de mi persona y en que me afecta?

10) ¿Cuáles son tus Fortalezas?

11) ¿Cuáles son mis habilidades, aptitudes y mis actitudes?

12) ¿Cuál es mi mayor virtud?

13) ¿Qué capacidades tengo?

14) ¿Qué hago mejor que los demás?

15) ¿Cuáles son tus Oportunidades?

16) ¿Qué aspectos externos me ayudan a impulsarme a conseguir mis objetivos?

17) ¿Qué cambios tecnológicos o sociales pueden beneficiarme?

18) ¿Qué recursos tengo actualmente para conseguir mis metas personales?

NIVEL 6: DESCUBRE QUIÉN ERES TÚ

EJERCICIO

PASO 1: Busca un lugar tranquilo, donde no tengas ningún tipo de distracción. (Naturaleza, cuarto, espacio abierto etc.)

Paso 2: Toma un bolígrafo, agenda, cuaderno o blog.

Paso 3: En la parte superior de cada página, debes hacerte la siguiente pregunta ¿Quién soy yo?

Paso 4: Inicie escribiendo sin pensar tanto, deja que su mente inconsciente le indique lo que debes escribir.

Pasó 5: Debes escribir entre 8 a 9 páginas.

Pasó 6: Una vez que culmines el ejercicio deténgase a leer solo página 7,8 y 9. Ahí encontrarás la respuesta de las tres palabras que te definen.

Paso 7: Su tarea es descubrir las tres palabras que lo(a) definen.

Paso 8: Celébralo con un buen (YES)

Ejemplo

Paso 4: Una vez finalices con la página 1, al iniciar la 2 vuelve y coloca en la parte superior la pregunta, así lo haces con la 3, 4, 5 etc. Hasta llegar a la 8 y 9.

Descubre los tres pilares para triunfar

Ejemplo: Tres palabras; Jesús decía yo soy el camino, la verdad y la vida. Hemos llegado al final de la segunda parte

ORGANIZA TUS RECURSOS PARA QUE EMPIECES A VOLAR COMO LAS ÁGUILAS Y TENGA EL ÉXITO QUE DESEAS EN LA VIDA.

TALENTOS	
QUIEN ERES TU	
PROFESIÓN	
VOCACIÓN	
MISIÓN	
PROPÓSITO DE VIDA	
PLAN DIVINO DE DIOS.	

TERCERA PARTE

EDIFICA TU PLAN DE VIDA

Descubre los tres pilares para triunfar

PASO 1: ¿QUÉ ES EL PLAN DE VIDA?

Descubre los tres pilares para triunfar

Un plan de vida supone la enumeración de los objetivos que una persona quiere lograr a lo largo de su vida y una guía que propone cómo alcanzarlos. Este plan puede incluir metas personales, profesionales, económicas y espirituales.

El plan de vida incluye objetivos a largo plazo: el sujeto puede pensar dónde le gustaría estar dentro de cinco o diez años, y a partir de esa idea, comenzar a desarrollar el plan. En este sentido, el plan de vida también es un plan de acción, con pasos a seguir y plazos, una estructura que permite encauzar las acciones hacia las metas que una persona desea cumplir en sus años de existencia.

Al igual que cualquier plan, éste tiene que ser analizado de manera periódica, de modo tal que la persona pueda advertir si se acerca al cumplimiento de sus objetivos o no.

En caso de que las acciones realizadas no rindan sus frutos, el individuo está en condiciones de rectificarlas o de proponer nuevos caminos.

Una clara diferencia con planes de otras naturalezas, sin embargo, es que generalmente no se plasma en un documento, sino que se trata de un conjunto de ideas e imágenes que nos acompañan durante gran parte de la vida, y que no necesariamente compartimos con otras personas.

Por otro lado, es de esperarse que si nos relacionamos con otros individuos, si entablamos amistades y mantenemos un lazo estrecho con algunos de nuestros familiares, muchos de ellos conozcan parte de nuestro plan.

LA HISTORIA DE LA VACA

Hoy quiero compartir con todos ustedes un escrito que aunque no es de mi autoría, goza de un mensaje profundo e impactante.

Es una historia de superación personal, y que puede lograr que pienses de una manera diferente la próxima vez que intentes:

- Crear tu plan de vida.
- Tomar una decisión.
- Liberarse de un limitante de tu vida

La historia cuenta que un viejo maestro deseaba enseñar a uno de sus discípulos por qué muchas personas viven atadas a una vida de mediocridad y no logran superar los obstáculos que les impiden triunfar.

Descubre los tres pilares para triunfar

No obstante, para el maestro, la lección más importante que el joven discípulo podía aprender era: Observar lo que sucede cuando finalmente nos liberamos de aquellas ataduras y comenzamos a utilizar nuestro verdadero potencial.

Para impartir su lección al joven aprendiz, aquella tarde el maestro había decidido visitar con él algunos de los lugares más pobres y desolados de aquella provincia. Después de caminar un largo rato encontraron la que consideraron la más humilde de todas las viviendas. Aquella casucha a medio derrumbarse, que se encontraba en la parte más distante de aquel caserío, debía ser -sin duda- alguna, la más pobre de todas.

Sus paredes milagrosamente se sostenían en pie, aunque amenazaban con derrumbarse en cualquier momento. El improvisado techo dejaba filtrar el agua. Y la basura y los desperdicios que se acumulaban a su alrededor, daban un aspecto decrépito a la vivienda. Sin embargo, lo más sorprendente de todo era que en aquella casucha de 10 metros cuadrados pudiesen vivir ocho personas. El padre, la madre, cuatro hijos y dos abuelos se las arreglaban para acomodarse en aquel lugar. Sus viejas vestiduras y sus cuerpos sucios y malolientes eran prueba del estado de profunda miseria reinante. Curiosamente, en medio de este estado de escasez y pobreza total, esta familia contaba con una posesión poco común en tales circunstancias:

Una vaca.

Una flacuchenta vaca que con la escasa leche que producía, proveía a aquella familia con el poco alimento de algún valor nutricional. Pero más importante aún, esta vaca era la única posesión material de algún valor con que contaba aquella familia. Era lo único que los separaba de la miseria total. Y allí, en medio de la basura y el desorden, pasaron la noche el maestro y su discípulo novato. Al día siguiente, muy temprano y sin despertar a nadie, los dos viajeros se dispusieron a continuar su camino. Salieron de la morada y antes de emprender la marcha, el anciano maestro le dijo a su discípulo: "Es hora de que aprendas la lección que has venido a aprender".

La Gran Lección

Sin que el joven pudiese hacer nada para evitarlo...
El anciano sacó una daga que llevaba en su bolsa y degolló la pobre vaca que se encontraba atada a la puerta de la vivienda, ante los incrédulos ojos del joven. Maestro, dijo el joven: "¿Qué has hecho? ¿Qué lección es ésta, que amerita dejar a esta familia en la ruina total? ¿Cómo has podido matar esta pobre vaca, que representaba lo único que poseía esta familia?" Haciendo caso omiso a los interrogantes del joven, el anciano se dispuso a continuar la marcha. Así, maestro y discípulo partieron sin poder saber qué suerte correría aquella familia ante la pérdida de su única posesión. Durante los siguientes días, una y otra vez, el joven era confrontado por la nefasta idea de que, sin la vaca, aquella familia seguramente moriría de hambre.

Descubre los tres pilares para triunfar

Un Año Más Tarde...

Los dos hombres decidieron regresar nuevamente por aquellos senderos a ver qué suerte había corrido aquella familia. Buscaron la humilde posada nuevamente, pero en su lugar encontraron una casa grande. Era obvio que la muerte de la vaca había sido un golpe demasiado fuerte para aquella familia, quienes seguramente habían tenido que abandonar aquel lugar Y ahora, una nueva familia, con mayores posesiones, se había adueñado de aquel lugar y había construido una mejor vivienda.

¿Adónde habrían ido a parar aquel hombre y sus hijos?, ¿Qué habría sucedido con ellos? Todo esto pasaba por la mente del joven discípulo. Mientras que, vacilante, se debatía entre tocar a la puerta y averiguar por la suerte de los antiguos moradores o continuar el viaje y evitar confirmar sus peores sospechas. Cuál sería su sorpresa cuando del interior de aquella casa salió el hombre que un año atrás le diera morada en su vivienda. « ¿Cómo es posible?», preguntó el joven.

«Hace un año, en nuestro breve paso por aquí, fuimos testigos de la profunda pobreza en que ustedes se encontraban. ¿Qué ocurrió durante este año para que todo esto cambiará?»

La Historia Del Hombre.

El hombre relató cómo, coincidencialmente, el mismo día de su partida, algún maleante, envidioso de su vaca, había degollado salvajemente al animal.

(Este hombre ignoraba que había sido el maestro quien mató su vaca).

El hombre continuó relatando a los dos viajeros cómo su primera reacción ante la muerte de la vaca había sido de desesperación y angustia. Por mucho tiempo, la vaca había sido su única fuente de sustento. El poseer esta vaca le había ganado el respeto de sus menos afortunados vecinos, quienes envidiaban no contar con tan preciado bien. Sin embargo, continuó el hombre, poco después de aquel trágico día, decidimos que a menos que hiciéramos algo, nuestra propia supervivencia estaría en peligro.

Así que decidimos limpiar algo del terreno de la parte de atrás de la casucha. Conseguimos algunas semillas y decidimos sembrar vegetales y legumbres con los que pudiésemos alimentarnos. Después de algún tiempo comenzamos a vender algunos de los vegetales que sobraban. Y con este dinero compramos más semillas y comenzamos a vender nuestros vegetales en el puesto del mercado. Así pudimos tener dinero suficiente para comprar mejores vestimentas y arreglar nuestra casa. De esta manera, poco a poco, este año nos ha traído una vida nueva.

¿Qué hubiese pasado si no...?

Descubre los tres pilares para triunfar

El maestro, quien había permanecido en silencio, prestando atención al fascinante relato del hombre...
Llamó al joven a un lado y en voz baja le preguntó:

¿Tú crees que si esta familia aún tuviese su vaca, estaría hoy donde ahora se encuentra?

Seguramente no, respondió el joven.

¿Si ves? Su vaca, fuera de ser su única posesión, era también la cadena que los mantenía atados a una vida de mediocridad y miseria. Al no contar más con la falsa seguridad que les proveía el sentirse poseedores de algo, así no fuese más que una flacuchenta vaca...
Debieron tomar la decisión de buscar algo más. En otras palabras, la misma vaca que para sus vecinos era una bendición...

Les había dado la sensación de poseer algo de valor y no estar en la miseria total, cuando en realidad estaban viviendo en medio de la miseria.

Así Es Cuando Tienes Poco

Lo poco que tienes se convierte en un castigo, ya que no te permite buscar más. No eres feliz con ello, pero no eres totalmente miserable.

Estás frustrado con la vida que llevas, más no lo suficiente como para querer cambiarla. ¿Ves lo trágico de esta situación?

Cuando tienes un trabajo que odias, que no suple tus necesidades económicas mínimas y no te trae absolutamente ninguna satisfacción...

Es fácil tomar la decisión de dejarlo y buscar uno mejor. No obstante, cuando tienes un trabajo:

- Del cual no gustas
- Que suple tus necesidades básicas pero no te ofrece la oportunidad de progresar

- Que te ofrece cierta comodidad pero no la calidad de vida que verdaderamente deseas para ti y tu familia

Es fácil conformarte con lo poco que tienes.

Muchos de nosotros también tenemos vacas en nuestra vida.

Ideas, excusas y justificaciones que nos mantienen atados a la mediocridad...

Dándonos un falso sentido de estar bien cuando frente a nosotros se encuentra un mundo de oportunidades por descubrir.

Descubre los tres pilares para triunfar

Oportunidades que sólo podremos apreciar una vez hayamos matado nuestras vacas.

Fuente: Camilo Cruz (Liderazgo y Mercadeo)

MORALEJA DE ESTA HISTORIA

Muchas veces cuando posees algo en la vida que nos genera un ingreso para sobrevivir esto nos lleva directamente al conformismo. Debido a que al estar atado a cierta situación no nos deja ver el mundo de posibilidades que cada día la vida te ofrece. Entonces la invitación es a que mire que es lo que realmente el día de hoy te está impidiendo tener la calidad de vida que tú deseas, una vez que encuentre la causa lo mejor es eliminarla y solo de esta manera verás con tus ojos el mundo de posibilidades que todos los días la vida tiene para ti.

¿Para qué tener un plan de vida?

Un Plan o Proyecto de Vida debería ser un ejercicio que toda persona adulta debería realizar, para utilizarla como faro que indique el camino que uno desea recorrer para conseguir los objetivos y metas que se plantea.

¿Qué se necesita?

1. Plantear objetivos. Los objetivos son las bases para construir tu proyecto. Deben ser claros, detallados, precisos y deben estar bien definidos.

2. Tener un punto de partida realista: Para esto se necesita un buen diagnóstico del estado presente. Además ser capaz de utilizar los medios que tienes a tu mano y flexibilizar las acciones planificadas si es necesario. Replantearte las metas iniciales.

3. Tener y mantener una actitud optimista y disciplinada para conocerse a sí mismo, detectando las fuerzas y debilidades, y auto dirigiendo el propio destino, trabajando las capacidades y motivaciones que te mueven.

4. Desarrollar la capacidad de empatía y afecto contigo, reforzar tus logros, alegrarte por tus acciones correctas, permitirte los errores y sentirte el gestionador e inventor de tu propia vida.

5. Sentirte responsable por tus actos y por los logros.

6. Sentirte único. La vida de cada persona constituye una oportunidad única que no volverá a repetirse. Recuerda al sabio Aristóteles cuando sostiene que las personas deberían ser definidas no por lo que son en un momento dado sino por sus potencias o lo que pudieran llegar a ser.

Descubre los tres pilares para triunfar

7. Sentirte afirmándote a ti mismo.

Si la persona no es capaz de planificar su propia vida, seguramente que otros podrían hacerlo, no dejemos que eso pase.

8. Se lo que tú deseas ser y no te importe lo que otros piensan. El planeamiento de vida ayuda poderosamente a la persona a convertirse en quien aspira llegar a ser, sin límites.

9. Oportunidad de realización.

Cada persona tiene un tiempo de vida determinado para realizarse. No se tiene todo el tiempo del mundo sino únicamente un tiempo de vida limitado y solamente es en ese tiempo vital que la persona puede llegar a convertirse en lo que en verdad aspira en llegar a ser.

10. Visión de futuro.

Si la persona sueña con el futuro pero no se mueve, si acaso se mueve constantemente pero no define solo músculo, solo será romántica y ensoñadora. Su propio rumbo, entonces puede llegar extraviado a cualquier lugar. Pero, si tiene una visión de futuro podrá hacer un camino, aprovechando sus fortalezas y superando sus debilidades, a la vez que explotando sus oportunidades y evitando sus riesgos, y podrá arribar a su meta.

Cada persona es el capitán de la propia nave de su vida y, por lo tanto, responsable de llevarla a su propio y singular destino.

11. Proyecto de vida.

La vida es un proyecto que a cada persona le corresponde llevar plenamente.
Es tener un Mapa de Ruta que te guiará en este camino hacia la meta.

Empezar con un fin en mente significa comenzar con una clara comprensión de tu destino, saber a dónde se está yendo, de modo que se pueda comprender mejor dónde se está, y dar siempre los pasos adecuados en la dirección correcta.

Las personas que son capaces de dirigir su vida, son capaces de llevar a cabo sus sueños y cada paso que dan tendrá sentido.

VENTAJAS DE TENER UN PLAN DE VIDA Y CARRERA

La planificación de carrera y de vida es una excelente manera de que te asegures de que todo vaya en la dirección correcta y que en caso de necesitar hacer algún ajuste, puedas hacer los cambios necesarios sin que ello implique perder de vista tus objetivos.

Descubre los tres pilares para triunfar

No solo te ayudará a darte cuenta de cuáles son tus pasiones, sino que también facilita el que consigas tus metas con acciones y objetivos tangibles. Al evaluar tu situación, también podrás encontrar los obstáculos en términos de conocimientos o experiencia que te estén impidiendo materializar tus sueños. De esta forma, estas son algunas ventajas de esta planeación:

•Tomas el volante de tu vida. Un plan de vida y carrera es importante para ayudarte a tomar el control de tu vida y tu futuro. Al crearlo, te darás cuenta de los valores con los que más te identificas, es decir, lo que es más importante para ti y cómo quieres que ellos aparezcan en tu vida.

•Te ayuda a identificar prioridades. Esta metodología puede ayudarte a identificar prioridades. Debes sentarte y determinar aquello que es esencial en tu vida, conocer tus prioridades te ayudará a no perder el camino.

•Te permite mantener un equilibrio. Mantener un balance puede ser un desafío; especialmente cuando es común llevar una vida agitada, que te deja haciendo malabares entre tu trabajo, familia, amigos, pasatiempos y salud; elaborar planes te ayuda a conseguir el equilibrio para alcanzar las cosas que quieres.

•Puedes imaginar tu futuro. Tener un plan de vida y carrera también significa que estás activamente pensando en el futuro. Empieza por evaluar dónde estás en este momento y visualiza hacia dónde te diriges, tanto en tu vida privada, como en el aspecto profesional.

•Te ayuda a tomar decisiones. Cuando te enfrentas a un obstáculo, pero tienes un plan de vida y de carrera, me dirás con mayor cuidado tus opciones y podrás elegir la alternativa que mejor se alinea con tus prioridades. Ya sea que se trate de una decisión simple o una importante, un plan te ayuda a decidir lo que te conviene, ya que te entrega una mejor perspectiva de las oportunidades que se te presenten; es como una brújula que te guía de acuerdo con tu estilo de vida, tus preferencias, tu entorno familiar y las posibilidades de autodesarrollo.

¿Cómo se inicia un plan de vida?

Un plan de vida puede ser un documento largo o corto, cada persona es muy diferente y dependiendo de la temporada de vida en la que se encuentre y de muchos otros factores, el documento será diferente.

Los 06 pasos a seguir para iniciar tu plan de vida.

1-Listar las áreas que conforman tu plan de vida. Es simplemente eso, una lista de las áreas de tu vida, de los proyectos que conforman tu vida, para ejemplificar voy a usar una lista que contiene las áreas más comunes, tal vez algunas de estas sean parte de tu plan de vida, tal vez haya otras que no estén aquí:

Descubre los tres pilares para triunfar

1. ÁREA FÍSICA

2. ÁREA PERSONAL

3. ÁREA FAMILIAR

4. ÁREA ECONÓMICA

5. ÁREA PROFESIONAL

6. ÁREA SOCIAL

7. ÁREA RECREACIÓN

8. ÁREA ESPIRITUAL

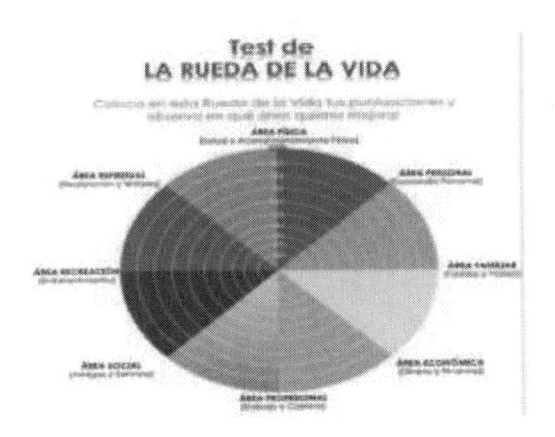

Test de
LA RUEDA DE LA VIDA

2- Propósito de cada área. Se considera importante que tú trabajes para cada área partiendo de un propósito.

Ejemplo: (bajar de peso, comunicación familiar, leer un libro, hacer una especialización, y tener mejores hábitos alimenticios.

3- Selecciona una frase o cita que te inspire en cada área. Para este caso es seleccionar una frase que te empodere a cumplir más rápido ese propósito que se ha colocado para cada área.

•Ejemplo: Haz que tu alimento sea tu medicina, y tu medicina tu alimento". ...

•"No es el peso que pierdes, es la vida que ganas".

4- Acciones Específicas. Algo que hace una persona, un animal o una cosa, es decir, una operación que lleva a cabo un agente, de manera intencionada o no, y que tiene un efecto como consecuencia.

Ejemplo: Quiero bajar de peso que hago:

1) hago mi receta nutricional, para mejorar mis hábitos alimenticios.

2) Realizo mi conjunto de ejercicios.

5- Compromiso de mejora continua. Acá se debe tener en cuenta la disciplina, para que la persona realice quiera o no las actividades que se han colocado en cada una de las áreas, para que logre obtener los resultados que busca.

Descubre los tres pilares para triunfar

Ejemplo: Dos tareas que coloque para el área de desarrollo personal.

1. Leer un libro.

2. Revisar videos, pdf y audio de un programa que adquirí. Su tarea es desarrollarlo tenga ganas o no.

6- Mide tu progreso en cada área. Para este caso en particular lo que la persona debe hacer es tomar la rueda de la vida como el soporte para realizar la respectiva evaluación. Me explico, tú debes darle un porcentaje en el cual crees que te encuentras en cada área. Luego de haber pasado 1 mes tomas la rueda de la vida nuevamente saca los porcentajes y ahí te das cuenta cuanto has avanzado de acuerdo al trabajo que has realizado en cada una de ellas.
Ejemplo: Área física 25% primera vuelta, segunda vuelta 50% esto quiere decir que si realmente las tareas que tú estás desarrollando están causando un efecto positivo en tu vida.

PASO 02: DEFINIENDO MIS 08 ÁREAS DE MI VIDA

VAMOS A TRABAJAR EN 08 ÁREAS.

ÁREA FÍSICA:	Salud y Bienestar.
ÁREA PERSONAL:	Desarrollo Personal.
AREA FAMILIAR:	Familia y Pareja.
ÁREA ECONÓMICA:	Dinero y Finanzas.
ÁREA PROFESIONAL:	Trabajo y Carrera.
ÁREA SOCIAL:	Amigos y Servicio.
ÁREA RECREACIÓN:	Ocio y Entretenimiento.
ÁREA ESPIRITUAL:	Realización y Valores.

RADIOGRAFÍA: MENTE CONSCIENTE

¿Cómo se realiza?

Ejercicio:

Paso 01: imprime la hoja donde está la rueda de la vida.

Paso 02: A cada área le da un porcentaje de 1 a 100 sin pensar tanto, deja que la mente inconsciente responda.

Descubre los tres pilares para triunfar

Paso 03: Pinta con los colores el porcentaje que obtuviste en cada dimensión.

Paso 04: consérvala esto te va a servir para identificar los avances que has obtenido en cada área luego de realizar un trabajo en cada una de ellas.

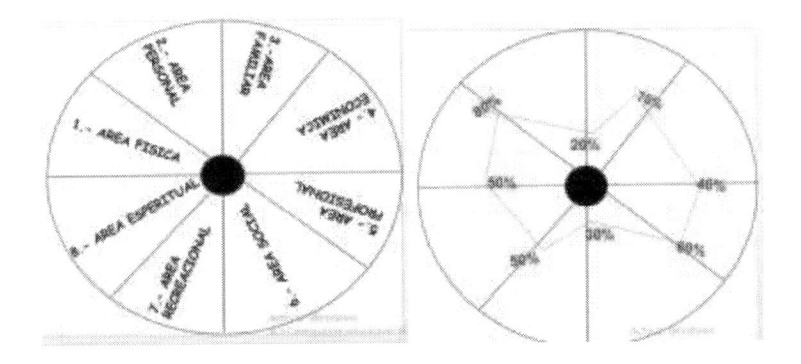

PASO 3: RADIOGRAFÍA INTERNA DE LAS 08 ÁREAS DE MI VIDA.

Descubre los tres pilares para triunfar

Definiremos radiografía, como palabra compuesta, del latín radius=radio y del griego grafein=gravar, que viene a decir, gravar mediante los rayos X, una superficie plana emulsionada, imágenes que han sido penetradas por dichos rayos; o lo que es lo mismo, podemos llamar a la Radiografía, la Fotografía a través de los cuerpos opacos.

¿Qué es una radiografía?

Es la prueba diagnóstica que se utiliza de forma más habitual. La radiografía utiliza los rayos X –un tipo de radiación ionizante de alta energía– que pueden traspasar el cuerpo y obtener imágenes. En el caso de la rueda de la vida lo que hacemos es formular una serie de preguntas por cada área, para luego sacar el porcentaje en el cual se encuentra la persona. Y así poder plantear la solución a la situación.

¿En qué consiste?

Este tipo de prueba permite acceder a lo más profundo de la mente inconsciente del ser humano, para lograr identificar mediante una serie de preguntas en qué porcentaje se encuentra en cada una de sus dimensiones. Al ver el resultado la persona empieza a reflexionar, qué es lo que realmente le está faltando para obtener el porcentaje que él desea. Y precisamente esto es lo que lleva al ser humano a colocarse metas, perseguirlas, alcanzarlas, y obtener la calidad de vida que desea.

¿Para qué sirve?

Esta técnica se utiliza para identificar una gran variedad en el porcentaje que existe en las diferentes áreas de la vida de cada persona. Esta prueba le permite al profesional obtener información mucho más amplia, para escoger la mejor técnica, continuar con el seguimiento y llegar a plantear estrategias de mejora continua. De tal manera que el paciente tenga resultados extraordinarios.

¿Cómo se realiza?

El paciente lo que hace es darle un porcentaje de 1 a 100 de acuerdo a la información planteada en cada cuadrito. Luego de haberle dado el porcentaje a cada contenido, se realiza una suma, se divide entre 6 y finalmente el resultado obtenido es el que se coloca en la rueda de la vida, de acuerdo al área correspondiente.

Descubre los tres pilares para triunfar

AREA FISICA

Nivel de energía	
Peso	
Dieta equilibrada	
Resistencia	
Apariencia	
Estado de Salud en General	
TOTAL	

AREA PROFESIONAL

Posibilidad desarrollo	
Trabajo estimulante	
Trabajos en el lugar deseado	
Ambiente de trabajo agradable	
Se valoran mis capacidades	
Amplío conocimientos y me reciclo	
TOTAL	

AREA PERSONAL

Soy consecuente	
Dedico mi tiempo al crecimiento personal	
Disfruto momentos de tranquilidad	
Felicidad en mi vida	
Imagen de mí mismo y autoestima	
Tengo vida estimulante (controlo el estrés)	
TOTAL	

AREA SOCIAL

Amistades: Calidad	
Cuido a mis amistades	
Participación comunidad y trabajos sociales	
Disfruto de compañía estimulante	
Practico el ocio interesante con amigos	
Satisfacción en general con mi vida social	
TOTAL	

AREA FAMILIAR

Tiempo para la familia	
Relación con la pareja	
Relación con padres	
Relación con hijos	
Relación con otros miembros de la familia	
Dar prioridad a la familia	
TOTAL	

AREA RECREACIONAL

Dedico tiempo para el ocio y entretenimiento	
Hago deporte de forma continua	
Lectura/ Cine /Teatro/Cultura	
Elimino los asuntos de trabajo en el ocio	
Me divierto y participo en el ocio	
Disfruto del tiempo en casa y mi soledad	
TOTAL	

AREA ECONOMICA

Ganancias	
Presupuesto Personal	
Control de compras	
Control de gastos	
Inversiones adecuadas	
Balance final mes	
TOTAL	

AREA ESPIRITUAL

Tengo claras mis metas	
Soy congruente en mi vida con mis valores	
Actividades para crecimiento personal	
Trabajo mis puntos débiles	
Me preocupo del crecimiento de los míos	
Soy responsable con el medio ambiente	
TOTAL	

EJEMPLO:

Objetivo: Mejorar en todas las AREAS

FÍSICA (SyCF)	
Nivel de Energía	50%
Peso	40%
Dieta Equilibrada	30%
Resistencia	60%
Apariencia	50%
Estado de Salud en General	50%

TOTAL = 280 / 6 = 46.66%

COLOCA EN TU RUEDA LOS PORCENTAJES OBTENIDOS

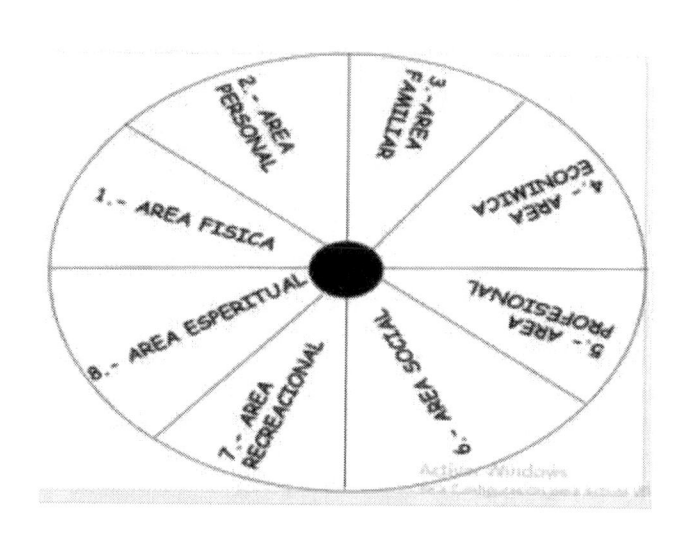

PASO 4: ESTABLEZCA LAS ESTRATEGIAS DE MEJORA PARA CADA ÁREA

Descubre los tres pilares para triunfar

¿Qué es una estrategia?

Una estrategia es un plan de acción diseñado para lograr un objetivo específico o una serie de metas. Implica identificar recursos, establecer prioridades, tomar decisiones y asignar tareas para aumentar las posibilidades de éxito.

¿Para qué sirve una estrategia?

Una estrategia sirve para:

- Proporcionar una guía clara y coherente para alcanzar una serie de objetivos o uno en específico.

- Establecer prioridades y las actividades que deben realizarse de manera consecutiva.

- Dar las pautas para destinar adecuadamente los recursos.

- Tomar decisiones informadas, tanto por parte de quienes encabezan el proyecto como de quienes participan directamente en las actividades.

¿Cómo definir una estrategia?

1. Define el objetivo

Identifica claramente el objetivo que quieres alcanzar con la estrategia, estableciendo metas concretas y medibles.

Para definir el objetivo de una estrategia se debe responder a la pregunta: ¿Qué se espera lograr? Este debe ser concreto, específico y medible, y estar alineado con la misión y visión de la organización o del individuo.

Una forma útil de definir este recurso es utilizando un acercamiento SMART. Este indica que el objetivo debe ser Específico (Specific), Medible (Measurable), Alcanzable (Achievable), Relevante (Relevant) y con un plazo de tiempo definido (Time-bound).

Por ejemplo, si el objetivo es aumentar las ventas, un objetivo SMART podría ser «Aumentar las ventas en un 10 % en los próximos 6 meses, mediante la implementación de una campaña de marketing digital enfocada en el segmento de mercado x».

2. Analiza el entorno

Esto consiste en evaluar el contexto en el que se desarrollará la estrategia. En el terreno de los negocios, por ejemplo, se tendrán en cuenta ciertos factores como la competencia, los clientes, las regulaciones y las tendencias del mercado.

El análisis del entorno es un paso importante para definir una estrategia efectiva. Aquí hay algunos pasos clave para realizarlo:

Descubre los tres pilares para triunfar

Identifica factores clave: son todos aquellos que pueden influir en el éxito de tu estrategia, tales como la competencia, el entorno político y económico, los cambios tecnológicos, las tendencias del mercado y las necesidades y expectativas de los clientes.

Recopila información: estos datos deben enfocarse en los factores identificados mediante fuentes primarias y secundarias, tales como estudios de mercado, informes de analistas, encuestas, entrevistas y análisis de datos.

Evalúa la información: una vez que hayas recopilado tu información es necesario evaluarla para identificar las oportunidades y amenazas que pueden surgir en el entorno, así como las fortalezas y debilidades internas de tu organización.

Prioriza factores clave: son los factores identificados en función de su impacto en la estrategia y la capacidad de la organización o individuo para influir en ellos.

Adapta la estrategia: esto sirve para aprovechar las oportunidades reconocidas y mitigar las amenazas, teniendo en cuenta los recursos y capacidades internos de tu empresa.

3. Evalúa las fortalezas y debilidades.

Analiza internamente tu negocio para identificar las fortalezas y debilidades que puedan contribuir o afectar el logro de tu objetivo. Para ello, es útil que lleves a cabo una exploración interna de tu organización.

Aquí hay algunos pasos clave para realizarla:

Identifica los recursos: esto consiste en determinar los recursos disponibles, por ejemplo, financieros, humanos y tecnológicos. Después, es necesario evaluar su capacidad para apoyar tu estrategia.

Examina los procesos: tienes que considerar los procesos y sistemas existentes. Esto puede ser la gestión de la cadena de suministro, la producción y la distribución. Así, determinar su eficacia en apoyar tu estrategia.

Evalúa la cultura organizacional: aquí tienes que explorar la cultura organizacional y los valores de tu empresa, y determinar cómo pueden intervenir en la implementación de la estrategia.
Analiza la competencia: esto te sirve para identificar las fortalezas y debilidades relativas de tu negocio.

Revisa el desempeño pasado: el pasado y el presente pueden servirte para conocer las fortalezas y debilidades en áreas clave como la innovación, la eficiencia y la satisfacción del cliente.

Identifica las áreas de mejora: toma en consideración todos los aspectos en los que se deben mejorar las fortalezas y debilidades para apoyar tu estrategia.

Descubre los tres pilares para triunfar

4. Establece las opciones estratégicas

Esto consiste en identificar y evaluar posibles opciones para alcanzar el objetivo, considerando las fortalezas, debilidades y contexto. Para establecerlas puedes seguir los siguientes pasos:

Define el objetivo: determina el objetivo de tu estrategia basándote en el análisis del entorno y de las fortalezas y debilidades internas de tu empresa.

Identificar opciones: son todas aquellas que puedan ayudar a alcanzar el objetivo, basándote en el análisis del entorno y de las fortalezas y debilidades internas. Esto puede incluir opciones como la expansión de productos o servicios, la diversificación en nuevos mercados o la adopción de nuevas tecnologías.

Selecciona las mejores opciones: éstas deben ser las más adecuadas para el objetivo fijado, basándote en la evaluación realizada.

Desarrolla planes de acción: estos deben ser detallados para implementar las opciones estratégicas seleccionadas, incluyendo objetivos específicos, plazos y responsabilidades.

Revisa y ajusta: revisa y ajusta las opciones estratégicas y planes de acción a medida que avanzas en la implementación de tu estrategia. Esto para garantizar que sigan siendo relevantes y efectivos.

5. Selecciona la estrategia.

Elige la opción más adecuada que mejor se adapte al contexto y a las capacidades internas de tu empresa. La selección de la estrategia se basa en la evaluación de las alternativas estratégicas y la elección de la más adecuada para alcanzar el objetivo establecido. Para hacerlo sigue lo siguiente:

Evalúa las opciones establecidas: esto consiste en analizar las opciones estratégicas identificadas en función de su factibilidad, viabilidad y relevancia para el objetivo establecido.

Compara: después de comparar tus opciones es tiempo de clasificarlas conforme a su capacidad para alcanzar el objetivo y su factibilidad para implementarlas.

Identifica factores clave de éxito: son todos aquellos factores que influyen en la implementación efectiva de tu estrategia, como la capacidad de tu empresa, el grado de apoyo de las partes interesadas y la posibilidad de adaptarse a los cambios en el entorno.

Determina el riesgo: consiste en examinar el riesgo asociado a la implementación de cada opción estratégica y determinar su capacidad para minimizar los riesgos.

Descubre los tres pilares para triunfar

Toma la decisión final: esta debe ser informada y basada en la evaluación de las opciones estratégicas, los factores clave de éxito y el riesgo asociado.
Comunica la estrategia: informa a los sucesores relevantes y desarrolla planes de acción detallados para su implementación.

6. Planifica la implementación

Debes establecer un plan detallado de acción, identificando recursos necesarios y asignando responsabilidades. La planificación de la implementación de una estrategia es crucial para asegurar que esta se lleve a cabo con éxito. Para lograrlo puedes hacer lo siguiente:

Establece metas y objetivos específicos: estos deben ser claros, alcanzables, medibles y realistas.

Asigna responsabilidades: asigna responsabilidades claras a individuos o equipos para llevar a cabo las diferentes tareas relacionadas con la implementación de la estrategia. Designa a un líder del proyecto para supervisar todo el proceso.

Establece plazos: establece plazos claros para la implementación de cada etapa de la estrategia. Estos deben ser realistas y tener en cuenta las posibles demoras o problemas.

Asigna cursos: esto consiste en asignar los recursos necesarios para la implementación de la estrategia, como el personal, el presupuesto y las herramientas tecnológicas.

Establece un sistema de seguimiento y evaluación: esto te servirá para medir el progreso de la implementación de la estrategia y hacer ajustes necesarios si descubres problemas o desviaciones.

Comunica la estrategia y el plan de acción: comunica claramente la estrategia y el plan de acción a todas las partes interesadas, incluyendo el personal, los clientes y los proveedores.

Realiza un seguimiento constante y ajusta la estrategia según sea necesario: haz un seguimiento constante del progreso de la implementación de la estrategia y ajústala según sea necesario, para garantizar que se alcancen los objetivos establecidos.

7. Ejecuta las tareas

Pon en práctica el plan de acción diseñado, ejecutando las actividades necesarias para lograr el objetivo. Hazlo de la siguiente forma:

Asigna tareas y responsabilidades: estas deben ser específicas a las personas o equipos de trabajo responsables de llevar a cabo cada etapa del plan de acción.

Descubre los tres pilares para triunfar

Comunica la estrategia y el plan de acción: hazlo de forma clara a todas las partes interesadas, incluyendo el personal, los clientes y los proveedores.

Establece los plazos y haz un seguimiento del progreso: estos plazos deben ser claros para cada etapa del plan de acción. No olvides hacer un seguimiento del progreso para asegurarte de que se están alcanzando los objetivos establecidos.

Asigna los recursos necesarios: son todos los necesarios para la ejecución de la estrategia, incluyendo el personal, los presupuestos y las herramientas tecnológicas.

Toma decisiones y haz ajustes según sea necesario: esto te servirá para adaptarte a los cambios en el entorno o solucionar problemas o situaciones que cambien el camino de tu plan.

Evalúa y celebra los logros: una vez que hayas implementado tu estrategia, evalúa hasta dónde has llegado y celebra tanto los pequeños como los grandes logros. Cada uno te impulsa para llegar a la meta.

8. Monitorea y examina los resultados

En este paso debes identificar las áreas de mejora y adaptar la estrategia en consecuencia. Para monitorear y evaluar los resultados, sigue estos pasos:

Define los indicadores de éxito: identifica los indicadores que se utilizarán para medir el éxito de tu estrategia, tales como el aumento de ventas, la mejora en la satisfacción del cliente, la reducción de costos, etc.

Establece plazos para la evaluación: determina el tiempo para valorar los resultados, asegurándote de que la evaluación sea frecuente para permitir la toma de decisiones oportunas y la realización de ajustes según sea necesario.

Recopila y analiza datos: esto te sirve para evaluar el progreso y los resultados de la estrategia. Así podrás identificar tendencias y patrones y conocer si los resultados están en línea con los objetivos establecidos.
Compara los resultados con los objetivos: compara los resultados obtenidos con los objetivos establecidos para tu estrategia. Si estos están por debajo de tus metas, debes investigar la causa y hacer ajustes en la estrategia según sea necesario.

Comunica los resultados y ajusta la estrategia: informa sobre los resultados de la evaluación a todas las partes interesadas. Si es necesario, ajusta la estrategia para mejorar los resultados y lograr los objetivos establecidos.

9. Continúa el ciclo de mejora

Esto consiste en incorporar los aprendizajes en el diseño de futuras estrategias y adaptarte a los cambios en el entorno

Descubre los tres pilares para triunfar

y las circunstancias. Para continuar el ciclo de mejora, puedes seguir los siguientes pasos:

Analiza los resultados: una vez que has evaluado los resultados de tu estrategia, es importante examinarlos cuidadosamente. Busca las áreas en las que la estrategia funcionó bien y aquellas en las que no fue tan efectiva.
Identifica oportunidades de mejora: debes basarte en los resultados del análisis. Identifica qué cambios puedes hacer para mejorar tu estrategia.

Desarrolla un plan de acción: este debe ser muy detallado para implementar las mejoras en la estrategia. Este plan debe incluir una descripción clara de las optimizaciones que se van a realizar, así como el proceso que se utilizará para realizarlas.

Implementa mejoras: aplica las mejoras en la estrategia de acuerdo con el plan de acción desarrollado. Asegúrate de que todas las partes involucradas estén informadas sobre los cambios y de que estén trabajando juntos para ejecutarlos de manera efectiva.

Monitorea los resultados: esto debe ser después de implementar las mejoras para evaluar si están siendo efectivas. Utiliza los mismos indicadores de éxito que se establecieron en la evaluación original para asegurarte de que se están alcanzando los objetivos.

Crear mínimo tres estrategias por cada área.

EJEMPLO

CATEGORIA	RETO	TAREA	ACCION	RESULTADO
SALUD	Crear un cuerpo, fuerte, poderoso y atractivo.	- Crear el programa de ejercicios ideal para mí (Entrenamiento de resistencia, alzar pesas, flexiones de pecho etc. - Crear el hábito nutricional ideal para mí. (batidos verdes)	A) Me alimento adecuadamente. B) Asisto al gimnasio (casa).	OBTENGO LA FIGURA QUE DESEAS.
INTELECTUAL	Crear una mente brillante y poderosa, capaz de aportar ideas positivas e innovadoras. De tal manera que me lleve a crear, materializar y manifestar todo lo que quiero.	Aumentare el poder de mi cerebro con la nutrición adecuada, las vitaminas y los nutrientes que me ayudaran a funcionar al máximo. -Rodearme de personas inteligentes. -Adquirir los libros y demás materiales para enriquecer mi intelecto.	A) Leo y organizo mis ideas. B) Consumo las vitaminas que ayudan a mi cerebro a aumentar la capacidad de generar nuevas ideas. C) Salgo del espacio y creo nuevas amistades.	TENGO UNA MENTE BRILLANTE CAPAZ DE CREAR, MATERIALIZAR Y MANIFESTAR TODO LO QUE DESEO.

PASO 5: CONSTRUYE TU MAPA DE SUEÑOS.

¿Qué es un mapa de sueños?

Un mapa de sueños es una herramienta creativa donde plasmas tus sueños, deseos, anhelos, metas y proyectos. Se construye con una cartulina y fotografías que representen las cosas que anhelas, por ejemplo, si deseas viajar en la cartulina podrías poner un mapa con los lugares que te gustaría conocer.

¿Cómo puedo crear la vida que sueño?

No hay una fórmula mágica, aunque te confieso que creo en la magia, en esa magia de creer en ti y de hacerlo posible a través de conectar contigo, con tu propósito, con tu pasión para hacerlo visible a través de tus sueños.

Una de las herramientas estrellas de mis Workshop de "Test de la Pasión" y "Creando la vida que Sueño", es el visión board conocido como mapa de sueños, esta herramienta es muy poderosa cuando se complementa con otras herramientas para conectar con tu interior y poder manifestarlo hacia fuera.

¿Cómo lo construyó?

El mapa de sueños es una herramienta para conocerte, conectar contigo, visualizar lo que deseas, y lo más importante, crear acciones para hacerlas realidad. La magia no sucede si no tenemos la varita, lo mismo sucede con los sueños.

Descubre los tres pilares para triunfar

Antes de realizarlo, es importante tener claridad en nuestro propósito, conectar con nuestra razón de ser y nuestra pasión para enfocarnos en eso que soñamos, mirándonos primero hacia dentro.

Para esto quiero compartirte algunos métodos probados para poder crear la vida que sueñas:

- **La ley de la atracción**: Es manifestar eso que deseas. Resalta la importancia de mantener pensamientos positivos, dándole proyección y fuerza a lo que aspiras tener y lograr en tu vida. Esta ley, que parte del argumento del libro El secreto, les entrega a las personas algunas técnicas para el proceso de visualización y materialización de los ideales.

- **El método SMART**: te ayuda a focalizar tus metas, manteniendo presentes tus objetivos iniciales, permitiendo hacerles seguimiento y llevar a cabo acciones para cumplirlos. Definir objetivos hace que dirijamos nuestras acciones y esfuerzos hacia lo que queremos conseguir.

- **Intención, atención, sin tensión**: te puede ayudar a crear cualquier cosa que desees en tu vida. La intención es establecer de manera consciente lo que eliges crear en tu propia vida, es el primer paso para manifestar eso que deseas. Atención: aquello en lo que te focalizas y más crece en tu vida, si pones atención en eso que deseas empezará a mostrarse. Sin tensión: es conectarnos con eso que queremos, atraemos, manifestamos y sabemos que buscará la manera de suceder. Para mí esta parte es esperar que la magia de lo que creamos y manifestamos comience a hacerse visible y posible.

¿Cómo hacer un mapa de los sueños?

La forma de plasmar los sueños es muy personal, va a depender de los objetivos trazados y las preferencias de cada uno a la hora de proyectar una idea (papel y lápiz, imágenes, dibujos, frases, el celular, el ordenador...) y puede ser tan corto o extenso como se quiera.

En todo caso, lo importante es que no quede solo en el diseño; la idea es que se pueda visualizar el mapa a diario y activar esa energía interna (que todos tenemos) que nos motiva a trabajar por esos deseos figurados.

No se trata solo de escribir, pegar, dibujar... y que todo quede muy lindo; es necesario conectar con la emoción, el sentir, con claridad y seguridad.

Ideas para hacer un mapa de los sueños

1. Hacer una lista

Elabora una lista de los objetivos, metas, deseos, sueños, que tengas.

Descubre los tres pilares para triunfar

Estas metas pueden variar entre tangibles (visibles), como comprar un carro, construir una casa, ir de viaje, graduarse... o intangibles (espirituales): tener una vida balanceada, conectar con el amor...

Si estos propósitos no están claros, la respuesta a estas interrogantes pueden dar una idea: ¿Qué quiero ser? ¿Qué quiero hacer? ¿Qué quiero tener?... Al responder, que sea desde el corazón, con confianza y sensatez.

No rechaces ninguna idea, pero piensa en cosas reales; no es imposible ser astronauta e ir a la luna, porque puedes estudiar y optar a una misión espacial, ¡es viable! Pero ¿puede hacerse todo en una semana?

Cuando hayas creado la lista, selecciona los propósitos que consideres más significativos para el mapa de sueños y resguarda los demás como un tesoro que podrás ir incluyendo en el plan a medida que conquistas tus primeros objetivos.

2. **Definir los plazos**

Si ya has seleccionado los propósitos a cumplir, el siguiente paso es delimitar si será logrado a corto, mediano o largo plazo.

Es importante mantener un orden cronológico y anotar a detalle fechas, números, y todo lo necesario para que la visión sea lo más clara posible.

3. Seleccionar recursos visuales

Se refiere a detallar las palabras e imágenes representativas de cada uno de los objetivos.
Una buena opción es pensar en una «palabra poderosa» que resuma todo lo plasmado en el mapa de sueños, y usar frases inspiradoras, que conecten con tus emociones.

4. Diseñar un plan

Sea en una cartulina, pizarra o pantalla, es momento de organizar la información y trazar el camino a seguir.
El diseño del mapa es completamente personalizado, entendible y agradable para quien lo realiza.

Una forma de ordenar las ideas es hacer un collage y colocar en el centro una imagen de ti (con tu nombre); a partir de ella crear enlaces que se conecten con las imágenes o dibujos que reflejan cada uno de tus sueños.
Pueden ser líneas conectoras, ramificaciones, secciones particulares (familiar, profesional, amorosa, espiritual, económica, desarrollo personal...); divisiones por plazos (corto, mediano y largo).

Los materiales a usar también van a depender de las preferencias:

Si las manualidades te apasionan, una cartulina o una pizarra de corcho son la opción ideal; si quieres plasmar las ideas escritas, una libreta, bitácora o cualquier papel y lápiz son el medio perfecto, y si prefieres el celular u ordenador, un diseño digital es lo adecuado.

5. Ubicar el lugar perfecto

Una vez diseñado el mapa con los materiales de tu preferencia, debe colocarse en un sitio de la casa u oficina que te permita apreciar el mismo; míralo a diario pero sin prejuicio, ¡confía en que puedes lograr todo lo propuesto!

6. Trabajar y perseverar

¡Listo! Ya has elaborado el plan a seguir y lo tienes dispuesto en un lugar visible.
Ahora, es momento de hacer que las cosas sucedan y cada día trabajar para lograr los objetivos.

Practica la «visualización activa», al crear la imagen de que ya conseguiste tus deseos y conectarte con ese sentimiento y esfuérzate porque así sea: aprende lo necesario, ahorra, medita, dejando que todo fluya.

7. Agradecer siempre

La fórmula mágica para que nuestros deseos se cumplan es «agradecer todo lo que acontece» y mantener la fe en que lo que se ha escrito o proyectado en el mapa de los sueños, es posible.

Puedes llevar un Diario de gratitud y anotar en él cada vez que alcances algún objetivo, agradeciendo por ello y por lo que vendrá

DISEÑA TU MAPA DE SUEÑOS Y COLÓCALO EN ACCIÓN AHORA MISMO.

PASO 06: CÓMO VIVIR DESDE TU PASIÓN.

Descubre los tres pilares para triunfar

¿Qué significa vivir de tu pasión?

Cada uno va a tener una definición distinta de lo que es esta frase, con lo cual, entramos en un tema que es altamente subjetivo.

Vivir de tu pasión significa trabajar en algo que te apasione.

Hay dos formas de llegar a esto: convertir tu pasión en tu trabajo o apasionarte por tu trabajo.

La primera no siempre es posible, ya que si te gusta mirar el atardecer, no te van a pagar por ello.

Así que nos vamos a centrar en la segunda.

Encontramos aspectos positivos y negativos en poder encontrar algo que te guste tanto que puedas trabajar con pasión.

¿QUÉ HAY DE POSITIVO EN PONER PASIÓN EN TU TRABAJO?

1. estarás dispuesto a hacer más horas

Primero, como este trabajo, este oficio te llena y te hace feliz, es probable que no tengas ningún problema en salir de la cama por la mañana y tener una energía increíble porque te gusta lo que estás haciendo.

Cuando haces algo que te gusta es probable que te cueste menos hacer estas cosas, con lo cual seguramente vas a estar más dispuesto a hacer más horas de esta misma actividad durante más tiempo y esto, obviamente, si lo miramos a largo plazo es altamente positivo.

2. Mayor constancia.

Entonces tenemos, mayor volumen de trabajo aceptado, de alguna forma, tenemos más constancia también en el tiempo y eso también es positivo.

3. Mayor calidad del trabajo.

Seguramente estas dos cosas van a hacer que poco a poco vas a poder elevar la calidad de lo que estás haciendo y entonces, vas a hacer las cosas cada vez mejor, esto es posible.

También se dice que la pasión se contagia, cuando alguien habla con pasión de algo, porque realmente le gusta, se ve en su forma de transmitir, se ve en su energía, se ve en su cara que realmente le gusta mucho lo que está haciendo.

Esto enseguida destaca en un mercado en el que aproximadamente un 85% de las personas no se sienten conectadas con su trabajo, según la encuesta anual de Gallup.

Descubre los tres pilares para triunfar

Hay distintos niveles de No me gusta mi trabajo, pero el 85% va al trabajo para hacer horas, cumplir con el horario, cumplir con sus tareas, pero al volver a casa. Básicamente están viviendo de un trabajo alimenticio.

Aquí estamos hablando de otro concepto. Estamos hablando de un profesional, que se levanta por la mañana y está tremendamente realizado y feliz porque realmente está disfrutando y encuentra propósito en su trabajo.

¿QUÉ HAY DE NEGATIVO EN TRABAJAR EN ALGO QUE TE APASIONA?

Hemos visto las cosas positivas de trabajar con algo que te apasiona. Ahora vamos a ver las cosas menos positivas.

1. la pasión sola no es suficiente para vivir de ello.

Se dice a menudo en el mundo de los amores, que la pasión es ciega. Y ciertamente, es probable que para muchos, estamos sufriendo un efecto ceguera y de alguna forma todos podemos tener pasiones.

Yo, por ejemplo, puedo tener pasión por viajar por el mundo, descubrir las playas más bonitas del mundo y comer pizzas y tomar mojito en la playa, esta es mi pasión, realmente lo que me apasiona hacer en la vida.

Dicho esto, mucho me temo, que va a ser difícil encontrar gente dispuesta a pagar para que yo siga haciendo esto en

mi vida, con lo cual la pasión sola seguramente no es lo que nos va a llevar a un trabajo lleno de propósito.
Hace falta algo más que pasión, entonces prefiero hablar de talento.

El talento, normalmente, es algo que podemos poner al servicio del mundo, es algo que podemos enfocar para resolver una necesidad o un problema.

Cuando empiezas a aportar valor en la vida de la gente o en los negocios, ellos están dispuestos a pagarte para hacer lo que estás haciendo.

2. Centrarte en ti mismo.

Muy a menudo te puedes encontrar con gente que bueno va a tener ganas de descubrir el mundo y de coleccionar aquí viajes y visados en todos los países del mundo.

Esto puede ser digamos un proyecto de vida muy respetable. Pero luego siempre está el cómo: ¿cómo llegas a esto?

A lo mejor tienes un buen trabajo con un buen sueldo pero te aburres profundamente.

Por ejemplo, eres informático en un tema súper concreto de programación en tiempo real que se utiliza en bolsa. Ganas mucho dinero pero te sientes vacío.

Descubre los tres pilares para triunfar

Esto puede pasar, esto ocurre cuando realmente no tienes una reflexión sobre lo que estás haciendo, y cómo puedes contribuir al planeta y a la sociedad.

Ojo con este tema porque a veces como estás buscando satisfacer una necesidad propia estás centrado en ti.
Es probable que el universo te traiga este gran vacío: lo tendrás todo para ser feliz y, no obstante, no serás feliz.

Todo es posible si estás dispuesto a pagar el precio.

Tus padres te han educado que todo es posible en la vida. Esto está genial, siempre y cuando te expliquen que todo es posible en la vida... siempre y cuando estés dispuesto a pagar el precio para conseguir tus objetivos.

Yo creo de verdad que cualquier persona puede llegar a construir cosas increíbles, pero todas las cosas en la vida tienen precios:

- Tiempo
- Aprendizajes
- Esfuerzos
- Dinero

De hecho, más que enfocarte a la meta («quiero trabajar libre en cabeza de mi negocio y poder viajar por el mundo"), deberías enfocarte en tu pasión (vivir este estilo de vida de nómada digital).

Para llegar a esta meta hay 2, 3 o 5 años de proceso.
Entonces, es mejor que te enfoques en una actividad en la que disfrutes de lo que haces porque te hace sentir bien.

Lo importante es que te centres en el proceso.
En la vida las metas van cambiando pero lo que no debería cambiar es lo que estás haciendo en el día a día y lo que estás construyendo.

Si te limitas al ámbito de la pasión, vivirás un momento de emociones muy intenso pero luego se irá y te quedarás sin nada.

Para mí, el concepto de vivir de tu pasión en el trabajo no tiene sentido.

Los negocios realmente buenos son negocios perennes, no tienen fecha de caducidad y tampoco son la alegría de la huerta. Hay muchas cosas que hacemos, hay algunas que nos hacen disfrutar, otras no tanto.

Si realmente piensas que vas a encontrar un trabajo tan perfecto que vas a tener un placer infinito en cada hora de trabajo, mucho me temo que te encuentras ante un espejismo.
Céntrate en los negocios rentables.

4 FORMAS PRÁCTICAS DE CONECTAR CON LA PASIÓN EN TU TRABAJO

Descubre los tres pilares para triunfar

Para tratar de resumir un poco lo que te estoy diciendo quiero darte cuatro formas prácticas de ir poco a poco, volver a conectar con la pasión en tu trabajo.

1. Recuperar el control de tu tiempo.

El primer paso para mí es recuperar el control de tu tiempo. Trabajando en una oficina donde a lo mejor tienes cada mañana 45 minutos o 1 hora de ida y vuelta cada día, es un despropósito y no tiene sentido.

¿Cómo se hace?

Pues sentándote con tu jefe, si es que lo tienes, y tratando de buscar trabajar cada vez más tiempo en remoto desde tu casa, teletrabajo. Este es un primer paso, es un primer nivel que te va a permitir volver a conectar con tu oficio. E insisto que muchas personas no están contentas con su trabajo no por la esencia del trabajo sino por los atributos del mismo. Es decir, les disgusta cómo se están llevando a cabo estas actividades que les proponen desde la empresa que los emplea.

2. Tener el control de tus decisiones

Si tienes un jefe, vas a tener problemas con este punto. Aquí ya estamos hablando de emprender online, liderar tu propio proyecto, trabajar con una red de contactos, guiar a tus propios clientes y decidir con quién trabajas. Esto también va a generar libertad de propósito y libertad de relaciones: vas a elegir los colaboradores con quien trabajas. Además, ya no tendrás que sufrir los compañeros de trabajo que vienen impuestos por la empresa que te emplea, podrás elegir con quién te relacionas, tanto compañeros como clientes. También podrás elegir el tipo de proyecto que vas a realizar, eligiendo trabajar en el proyecto que a ti te hace feliz y te gusta.

3. Formarte en algo que te guste de verdad.

En algunos casos, vas a tener que asumir un gasto en formación. Muchos venimos condicionados por la presión de nuestro entorno y, bueno, hacemos un poco los estudios sin pensarlo del todo y al final terminamos teniendo la carrera que deseaban tener nuestros padres.

Lo que tenemos que hacer aquí es desaprender para volver a aprender. Es probable que, para encontrar algo que te haga profundamente feliz, tendrás que aprender un nuevo oficio. Este puede ser un proceso de 3 o 5 años en el que irás adquiriendo estas competencias que no te han entregado en la universidad, ni tampoco en el trabajo que has desempeñado hasta ahora. Formarse en las cosas que realmente a ti te gustan requiere un autoconocimiento profundo. Tienes que ser capaz de identificar las cosas que te gustan hacer y apostar por ello.

Descubre los tres pilares para triunfar

4. Ayudar 365 días al año.

Para estar completamente conectado con tu trabajo, es esencial ayudar 365 días al año. La palabra mágica es contribuir. Una forma de medir tu nivel de contribución es cuando la gente te dice «gracias». Yo a veces escucho palabras tan bonitas como «me has transformado la vida», entonces esto sería como él "gracias al máximo".

Cuando escuchas «gracias» ya vas bien. Durante muchos años de trabajo en el mundo corporativo apenas escuché la palabra «gracias».
Es lo que más falta en entornos corporativos, donde la gente ya no entiende cuál es su papel, no entiende cuál es su aportación y al final no se sienten útiles. Quizás, en vez de centrarnos en la pasión, debamos centrarnos en ser útiles al mundo, a tus seres queridos, a tu círculo cercano. Después, a la gente a quien puedes alcanzar en local, en presencial o en digital, y tratar de ayudar a estas personas. Cuando ayudas a estas personas te sientes bien. Siempre se dice que la felicidad está en los demás y no tanto en nutrir tu propio ego.

Te animo a reinventar tu relación con el trabajo.

Si para ti esto significa vivir tu pasión pues entonces bienvenido al mundo de los que vivimos de nuestra pasión. Te deseo que tengas un trabajo con el que conectes profundamente, que te haga feliz, que te haga sentir bien, un trabajo en el que estés escuchando al menos cada semana la palabra «gracias». Eso sería para mí la mejor definición de qué es eso de poder vivir profesionalmente de un trabajo que te apasiona.

CLAVE PARA VIVIR DESDE TU PASIÓN:

- ✓ Identifiques tu talento.

- ✓ Identifiques una necesidad del mercado.

- ✓ Definas tu carrera. .

Fórmula: Talento + identifica la necesidad de la comunidad + Tu carrera = Resultados.

Ejemplo:
 Escribir + generar hábitos alimenticios + área de la salud = Vivir desde su pasión.

 Enseñar + Descubrir tu máximo potencial + psicología= Vivir desde su pasión.

PASO 7: CREAS TU INFOPRODUCTO.

Descubre los tres pilares para triunfar

¿Qué es un infoproducto?

Un infoproducto es un producto digital que se basa en la información y el conocimiento. Su propósito principal es educar, informar o entrenar a los consumidores sobre un tema específico. Estos productos se pueden distribuir y consumir digitalmente, lo que facilita su acceso y distribución.

Ejemplos comunes de infoproductos.

- ✓ **Ebooks**: Libros electrónicos sobre temas específicos.
- ✓ **Cursos en línea**: Series de lecciones o módulos sobre un tema, a menudo con videos, ejercicios y materiales de lectura.
- ✓ **Webinars**: Seminarios en línea en vivo o grabados que cubren un tema en profundidad.
- ✓ **Guías y manuales**: Documentos que proporcionan instrucciones paso a paso o información detallada sobre un tema.
- ✓ **Plantillas**: Archivos prediseñados que ayudan a los usuarios a crear documentos, presentaciones, hojas de cálculo, etc.
- ✓ **Software**: Programas o aplicaciones diseñadas para cumplir con una función específica.

- ✓ **Podcasts**: Series de episodios de audio que cubren diversos temas informativos o educativos.
- ✓ **Videos tutoriales**: Videos que muestran cómo hacer algo o que explican un tema en detalle.

EL PASO A PASO PARA QUE CREAS TU INFOPRODUCTO.

1. **Definir la Idea de negocio:**
Una idea de negocio es un concepto innovador que describe un producto o servicio potencial que puede satisfacer una necesidad del mercado y generar ingresos.

a. **Investiga el Mercado**
- **Competencia:** Analiza lo que otros están ofreciendo. Revisa los productos más vendidos en plataformas como Amazon, Udemy, etc.

b. **Define tu nicho de mercado (Público)**
- **Crea un Perfil del Cliente Ideal:** Define aspectos demográficos (edad, género, ubicación) y psicográficos (intereses, valores, desafíos).

Descubre los tres pilares para triunfar

2. **Validación de la idea.**

a. **Encuestas y Entrevistas**

- **Crea una Encuesta:** Pregunta sobre el interés en el tema, problemas que enfrentan y la disposición a pagar.
- **Entrevistas:** Realiza entrevistas individuales para obtener información más detallada.

3. **Planificación del contenido.**

La planificación del producto es el proceso de definir y organizar las etapas necesarias para desarrollar, lanzar y gestionar un producto exitosamente en el mercado.

- ✓ Identificar la necesidad del mercado.
- ✓ Plantear la solución a dicha necesidad.
- ✓ Objetivo.
- ✓ Metodología.
- ✓ Beneficios.

4. **Creación del contenido.**

a. **Redacción y Producción**

- **Escribe el Contenido:** Si es un ebook, empieza a escribir. Usa un software de procesamiento de texto como Microsoft Word o Google Docs.

5. **Estrategia de marketing.**
a. **Venta del producto.**
- **Copywriting**: Crea un texto persuasivo que destaque los beneficios y testimonios.
- **Diseño Web**: Usa herramientas como WordPress o Leadpages para crear la página.
- **Email Marketing**: Usa Mailchimp o ConvertKit para gestionar tu lista de correos.
- **Redes Sociales**: Promociona en Facebook, Instagram, LinkedIn, según tu audiencia.
- **Publicidad Paga**: Considera usar Facebook Ads o Google Ads.

6. **Pre-Lanzamiento**
- **Genera Expectativa**: Crea una campaña de cuenta regresiva en redes sociales. (Crear videos).
- **Pre-Ventas**: Ofrece un precio especial a los primeros compradores.

7. **Lanzamiento Oficial**
    - **Evento de Lanzamiento**: Considera hacer un webinar en vivo para lanzar tu producto.
    - **Monitorea y Ajusta**: Asegúrate de que todo funcione correctamente y ajusta si es necesario.

CONCLUSIONES

A medida que avance durante este viaje, cada vez que tomes este libro en tus manos piensa en disfrutar el proceso. Déjate guiar por el paso a paso que encuentras registrado allí. Al final de cada página habrás encontrado ese número que necesitarás para completar la clave y de esta manera poder abrir la puerta que te permitirá alcanzar el éxito.

Has recorrido un viaje maravilloso a lo largo de estas tres partes en las cuales está categorizado el libro. En cada parte te revelaré el secreto para que te acerques cada vez más a convertirte en un triunfador exitoso.

Si tú sigues el paso a paso tal cual como te lo indico en el libro entonces habrás encontrado la llave magistral que te permitirá volverse un triunfador exitoso que vives desde su pasión.

Antes de experimentar el viaje del futuro, te invito a que reflexiones que has aprendido a lo largo del proceso, cuál ha sido realmente la transformación que has obtenido, y con qué recursos cuentas para iniciar a construir esa vida que realmente tu deseas.

Ahora te invito a que agradezcas todo lo que has aprendido a lo largo del camino, sus logros que quizás son pequeños, medianos o grandes. Sin embargo esto se considera importante hacerlo, para que cada una de sus células junto con esa información adquirida se unan y creen esa prosperidad infinita para la cual tu estas destinado (A).

Celebra todos tus logros por pequeños o grandes que estos sean, serán aquellas piedrecillas que te permitirán dar sus primeros pasos a construir la vida que realmente tú deseas.

BIBLIOGRAFÍA

Raymond Cattel. (1945)¿Qué Es Y Para Qué Sirve Un Test De Personalidad? Recuperado de: https://chilepsicologos.cl/test-de-personalidad

Miguel Yuste, (2014). Metamodelo. Recuperado de: https://creartecoaching.com/el-metamodelo/

Camilo Cruz, Liderazgo y Mercadeo. (2018) la historia de la vaca. Recuperado de: https://www.exitopersonal.com/la-historia-de-la-vaca/

Brenda Gisela Galindez Lulo. (2018). El modelaje como pilar de la Programación Neurolingüística. Recuperado de: https://www.cmpnl.mx/pnl/el-modelaje-como-pilar-de-la-pnl/#:~:text=Se%20entiende%20por%20

Franck Scipión. (2021). Cómo vivir de tu pasión. Recuperado de: https://www.lifestylealcuadrado.com/vivir-de-tu-pasion/

UMD. (2022) Características de la mente consciente y mente inconsciente. Recuperado de: https://virtual.uniminuto.edu/blog/caracteristicas-de-la-mente-consciente-vs-mente-inconsciente/

Jenny Soto. (2022). Tu mapa de sueños: Cómo visualizar con corazón tus deseos. Recuperado de: https://shinemag.do/2022/07/22/tu-mapa-de-suenos-como-visualizar-con-corazon-tus-deseos/#:~:text=El%20mapa%20de%20sue%C3%B1os%20es,mismo%20sucede%20con%20los%20sue%C3%B1os

Stephen Rhoton. (2023). Los 5 sentidos. Recuperado de: https://www.significados.com/los-5-sentido.

AGRADECIMIENTOS

A Dios por ser ese guía espiritual que ha colocado cada idea, pensamiento y concepto en mi mente para así lograr transformar vidas.

A mi esposa Ana Cristina López Neme, por ser la cómplice del cumplimiento de esta meta. Para que no solo esta idea se quedara plasmada en un cuaderno, sino que se le diera vida a cada página.

A mí apreciada familia: Mis padres Libardo de Jesús Ballén Rodríguez y María Teresa Chávez Ballén Hermanos, Sobrinos y demás familiares y amigos que se convirtieron en seres de luz para que lograra trasladar los desafíos que a lo largo del camino se hicieron presentes, y de esta forma poder cumplir mi meta que es hoy entregarle un libro al mundo, donde se encuentra registrada la llave magistral que lo llevará a convertirse en un triunfador que viva desde su pasión.

A mis amigos, que de una u otra manera aportaron una semilla de éxito a este viaje tan maravilloso. Les agradezco por los grandes aportes que colocaron desde su experiencia, por su amistad, respeto y cariño. Que me han brindado a lo largo de este caminar.

A Martin Jair Sánchez Gallego, quien a través de sus palabras y de su experiencia me motivó realmente a poner en marcha a este libro, gracias por el apoyo incondicional que me brindas en este camino.

A los hombres y mujeres que me compartieron sus experiencias de vida, desde la superación personal, autoconocimiento, sanación y liberación, conexión espiritual, y abundancia financiera. Esto me empodero en los momentos de aprendizaje, para que realmente no desfalleciera a lo largo del camino, y pudiera transmitir un verdadero mensaje a la sociedad desde mi verdadera esencia.

A las personas que me han acompañado durante mi proceso de transformación, quienes a través de sus conocimientos me han empoderado, y esto me ha permitido convertirme en la persona que hoy soy.

Descubre los tres pilares para triunfar

REDES SOCIALES

- e-mail: ballencito20@gmail.com

- FACEBOOK:

https://www.facebook.com/profile.php?id=61555755614587&mibextid=LQQJ4d

- YOU TUBE:

https://youtube.com/@javierballen5930?si=IZ3bgVR-ZakVo_a-

https://youtu.be/OQSwWmqYido?si=SAaOlZo95UHYjmfg

- INSTAGRAM:

https://www.instagram.com/javierballenpsicologo?igsh=MXcxdTh3N2wydHdvYQ==

Made in the USA
Columbia, SC
05 October 2024